FORA DA CURVA 2

FLORIAN BARTUNEK,
GIULIANA NAPOLITANO E
PIERRE MOREAU (ORGS.)

Fora da curva 2

Mais investidores incríveis revelam seus segredos — e você pode aprender com eles

PREFÁCIO

Jorge Paulo Lemann

3ª reimpressão

PORTFOLIO
PENGUIN

A Portfolio-Penguin é uma divisão da Editora Schwarcz S.A.

Grafia atualizada segundo o Acordo Ortográfico da Língua Portuguesa de 1990, que entrou em vigor no Brasil em 2009.

CAPA Alceu Chiesorin Nunes
PROJETO GRÁFICO Tamires Cordeiro
PREPARAÇÃO Alexandre Boide
REVISÃO Ana Maria Barbosa e Luciane H. Gomide

Dados Internacionais de Catalogação na Publicação (CIP)
(Câmara Brasileira do Livro, SP, Brasil)

Bartunek, Florian
Fora da curva 2 : Mais investidores incríveis revelam seus segredos — e você pode aprender com eles / Florian Bartunek, Giuliana Napolitano, Pierre Moreau (orgs.) ; prefácio Jorge Paulo Lemann ; apresentação Florian Bartunek ; introdução Giuliana Napolitano e Pierre Moreau. — 1ª ed. — São Paulo : Portfolio-Penguin, 2020.

ISBN 978-85-8285-102-9

1. Entrevistas 2. Investidores 3. Investimentos - Brasil 4. Mercado financeiro - Brasil I. Bartunek, Florian. II. Napolitano, Giuliana. III. Moreau, Pierre. IV. Lemann, Jorge Paulo.

19-32211 CDD-332.60981

Índice para catálogo sistemático:
1. Brasil : Investidores : Economia 332.60981

Maria Alice Ferreira - Bibliotecária - CRB-8/7964

[2021]

EDITORA SCHWARCZ S.A.
Rua Bandeira Paulista, 702, cj. 32
04532-002 — São Paulo — SP
Telefone: (11) 3707-3500
www.portfolio-penguin.com.br
atendimentoaoleitor@portfolio-penguin.com.br

SUMÁRIO

PREFÁCIO

Jorge Paulo Lemann

O que aprendi nos últimos cinco anos

O mundo dos negócios pode ser fascinante e desafiador ao mesmo tempo. Empresas e setores sempre mudaram e evoluíram, mas no passado esse era um processo lento e quase nunca radical. Competir com os líderes de um mercado, quando não era impossível, custava caro. Não é mais assim. Agora, as mudanças são rápidas, muitas vezes disruptivas e podem vir de concorrentes de todos os tamanhos.

Negócios que não se adaptam às transformações podem se tornar irrelevantes ou simplesmente sumir do mapa com a mesma velocidade com que novas empresas abocanham fatias importantes do mercado. Isso tem se acelerado nos últimos cinco anos, desde o início do projeto da primeira edição do livro *Fora da curva*.

Vejo duas forças principais por trás desse movimento que afeta as empresas e, por consequência, os investidores: as evoluções tecnológicas e os novos hábitos do consumidor.

A tecnologia reduz barreiras à entrada de novos concorrentes em praticamente todos os setores da economia. Hoje é mais fácil competir com as grandes companhias de consumo, por exemplo. Via internet, os consumidores podem ter acesso rápido e fácil aos produtos de empresas de menor porte, que, há alguns anos, dispunham de pouquíssima capacidade de distribuição.

Além disso, os varejistas estão abertos a ter novas marcas na prateleira, e isso se deve ao fato de os consumidores se mostrarem dispostos a experimentar. Se no passado marcas fortes tinham um grande peso na decisão de compra, atualmente a maneira como os produtos são fabricados, a origem dos ingredientes e até os valores das empresas são fatores de influência.

Essas ameaças aos nossos negócios me deixam um pouco apreensivo. Mas sei que temos em nossas empresas excelente cultura e ótimos profissionais que estão se mexendo e buscando soluções.

Nossa visão sempre foi a de construir companhias duradoras com marcas fortes e visão de longo prazo. Também sempre fomos muito eficientes em controlar custos e melhorar a gestão das empresas em que investimos. Ficou claro, porém, que precisamos reforçar nossa atenção aos clientes. Estamos usando tecnologia para isso, coletando e analisando dados que nos permitem conhecer melhor o consumidor.

Criamos ainda células de inovação e buscamos atrair pessoas com perfis e *skills* diferentes. Somos pressionados pelo mercado por resultados imediatos, mas nem todo tipo de mudança pode ser feito rapidamente.

O novo ambiente de negócios também é um desafio para os investidores. Para gerar retornos consistentes, os investidores precisam estar conscientes dos riscos e estudar a fundo a posição competitiva das empresas. Uma maneira inteligente de se antecipar ao que pode acontecer é analisar a transformação de mercados mais modernos. Muita inovação tem sido criada na Ásia. Olhar o que se faz na China hoje é fundamental para entender o futuro de alguns setores.

Sendo tenista, aprendi com o esporte a ter disciplina e controle emocional, a traçar estratégias para vencer e a não desistir diante das dificuldades. Essas características sempre me ajudaram nos negócios e são ainda mais importantes hoje.

É bom lembrar que, apesar do ritmo frenético de mudanças, alguns conceitos continuam os mesmos. Cercar-se de bons profissionais, traçar metas claras, ter um sonho grande e executá-lo com primazia ainda são fatores essenciais para o sucesso.

Quem não tem isso deveria mesmo sentir medo de ficar para trás — já era assim no passado, aliás. Mas os que têm compromisso com a excelência podem ver o momento atual como um desafio e uma oportunidade de se renovar e crescer.

Como investidor, tenho passado bastante tempo estudando novas tecnologias e novos modelos de negócios e interagindo com muitos jovens empreendedores no Brasil, nos Estados Unidos e na Ásia.

Apesar das preocupações, estou mais animado e curioso do que jamais estive. Riscos e dificuldades estiveram presentes em boa parte da minha trajetória e de meus principais sócios. Sonhávamos em criar negócios globais quando pouca gente levava o Brasil a sério. Enfrentamos crises aqui e no exterior e crescemos em meio a isso. Quero continuar aprendendo, inovando, investindo. Sem correr riscos, não se chega a lugar algum.

APRESENTAÇÃO

Florian Bartunek

O projeto-inspiração

Há quase dez anos, Pierre Moreau e eu começamos uma série de entrevistas na Casa do Saber com grandes investidores e também grandes amigos. Em minha empresa, a Constellation Investimentos, temos paixão por aprender e ensinar. Todo ano nossos analistas de investimentos precisam obrigatoriamente fazer um curso no exterior. Somos figuras carimbadas em Harvard, Columbia, Stanford etc. Quanto mais aprendemos, mais queremos transmitir conhecimento. O curso de investimento em ações Constellation no YouTube é um sucesso, e o Constellation Challenge se tornou a maior competição de casos de investimento para universitários da América Latina.

Com o curso na Casa do Saber, queríamos que a trajetória dos maiores investidores do Brasil fosse uma inspiração para jovens estudantes e para quem estava em busca de histórias sobre trajetórias sólidas e de mais conhecimento sobre o mercado financeiro. As aulas foram um sucesso, e logo pensamos em fazer um livro, para que mais pessoas pudessem ter acesso àquele conteúdo riquíssimo. Giuliana Napolitano traduziu com maestria as histórias e lições de dez investidores de diferentes perfis, e assim nasceu a primeira edição de *Fora da curva*.

Lançado em 2016, num momento complicado da história brasileira, pouco depois de um impeachment e com a economia ainda lutando para sair da recessão, o livro teve uma repercussão inesperada para nós. Foi um sucesso entre estudantes, profissionais do mercado financeiro e leigos interessados em finanças.

Nos anos seguintes, o interesse dos leitores por informações sobre investimentos só aumentou. Neste novo ambiente de juros mais baixos, é preciso correr mais riscos e diversificar as aplicações para conseguir retornos razoáveis. Como muitos grandes investidores e amigos acabaram ficando de fora da primeira edição, decidimos convidá-los para fazer a segunda. Nas próximas páginas, você lerá as histórias de treze craques do mercado.

O mercado de ações continua sendo minha maior paixão, e Roberto Vinhaes, Mauricio Bittencourt, Leo Linhares, Henrique Bredda e Paulo Passoni estão entre os investidores que mais admiro. Vinhaes inclusive é uma prova de que um investidor brasileiro competente, quando se dedica, pode ter sucesso nos mercados internacionais. Arthur Mizne, amigo de longa data, traz sua vivência sobre como escolher gestores e fundos no Brasil e globalmente. Em vinte anos, conheceu os maiores investidores do mundo e sabe como ninguém identificar os melhores.

Num depoimento inspirado, Arminio Fraga falou sobre seus erros e acertos como investidor e sobre como combinou uma carreira acadêmica com o trabalho no mercado financeiro e o serviço público. Márcio Appel, um expoente do segmento de fundos multimercado, revelou como faz para analisar e investir grandes volumes em diferentes ativos, aqui e no exterior.

Nesta edição do livro, o leque de perfis se ampliou, e convidamos dois empreendedores inovadores no mercado financeiro, Guilherme Benchimol e André Street. Veronica Serra completa o time de inovadores com sua vasta experiência em identificar e investir em startups no Brasil e no mundo. Com a queda dos juros, acredito que investimentos de menor liquidez serão cada vez mais relevantes nos portfólios, e temos dois representantes do mercado de private equity com histórias incríveis, Patrice Etlin e Martin Escobari.

Como aconteceu no primeiro grupo de grandes investidores, os fatores-chave de sucesso se repetem. Muitos dos protagonistas deste livro começaram a se interessar por finanças bem cedo, todos leem muito, trabalham bastante e têm elevadíssimo padrão ético. Investiria meu dinheiro tranquilamente com cada um deles. Confesso que releio *Fora da curva* todo ano e sempre encontro algum novo ensinamento. As entrevistas da segunda edição estão interessantíssimas, e também as tenho relido com frequência. Espero que você se divirta e encontre inspiração para fazer sempre mais e melhor.

Toda pessoa que tem alguma poupança ou gasta menos do que ganha (deveria ser o objetivo da maioria) é um investidor, quer saiba ou não. Para ter sucesso com investimentos, o importante é sempre se manter estudando e aprendendo com os acertos e, principalmente, com os erros. E também começar o quanto antes. Nunca é muito cedo ou tarde demais. Como costuma dizer Jorge Paulo Lemann, VaikiDá.

INTRODUÇÃO

Giuliana Napolitano e Pierre Moreau

O risco de ficar parado

No final de um dos episódios da sua (infelizmente) encerrada série de TV, o humorista Jerry Seinfeld fez piada sobre o batido conselho de deixar seu dinheiro trabalhar por você. "Decidi que eu vou trabalhar e deixar meu dinheiro descansar." Afinal, e se ele for trabalhar e acabar demitido?

Uma lição que aprendemos ao organizar os dois volumes de *Fora da curva* é que, no mundo dos investimentos, perder dinheiro é inevitável. Os treze entrevistados deste livro têm histórias incríveis e carreiras extremamente bem-sucedidas, mas todos, em mais de uma ocasião, perderam dinheiro. Ou porque erraram, ou porque foram atingidos por crises, ou porque deixaram de aproveitar oportunidades.

É o efeito colateral dos riscos envolvidos na tentativa de fazer bons investimentos ou montar um negócio. "Se um investidor comprar apenas o que é seguro e consensual, terá um retorno medíocre. É fundamental pensar de forma diferente da maioria e arriscar nos momentos certos", diz Leonardo Linhares, sócio da gestora SPX, responsável por investimentos em ações.

Fácil falar? De fato, à primeira vista, a receita dos entrevistados das próximas páginas não parece ter nada de muito especial. Eles recomendam fazer análises detalhadas antes de investir, evitar embarcar em ondas de euforia e pânico, trabalhar duro etc. O mais interessante, porém, é que dão detalhes sobre como aplicam essa teoria na prática e mostram os resultados que obtiveram. Desses exemplos, é possível tirar lições valiosas, que podem ser usadas por qualquer um interessado em fazer bons investimentos. Um resumo dessas lições aparece no final de cada entrevista.

Este livro foi escrito num momento singular. Os juros no Brasil estão historicamente baixos e, no exterior, taxas reais negativas deixaram de ser algo inédito para se tornar padrão em diversos países. Como consequência, mais brasileiros estão pensando em sair, ou de fato saindo, da segurança da renda fixa para buscar rendimentos maiores em aplicações de maior risco. É justamente aí que os conselhos, os acertos e também os erros dos grandes investidores retratados neste volume podem ajudar.

Mas não gostaríamos que você visse este livro apenas como uma ferramenta utilitária, uma forma de melhorar sua maneira de investir ou de ampliar seus conhecimentos sobre finanças. Conhecer as histórias de alguns dos principais nomes do mercado financeiro do país é inspirador e pode ser surpreendente. Antes de criar uma das mais tradicionais gestoras de recursos do país, a Investidor Profissional, Roberto Vinhaes largou a Bolsa e virou fazendeiro de café. André Street, fundador da empresa de meios de pagamento Stone, montou seu primeiro negócio ainda adolescente (e não era uma banca de limonada). A origem do investimento mais bem-sucedido do fundo Alaska — a compra das ações do Magazine Luiza — é um mal-entendido. Arminio Fraga teve um dos melhores e também um dos piores momentos de sua carreira trabalhando para George Soros. E por aí vai...

Fizemos a seleção dos entrevistados buscando pessoas diferentes não apenas na maneira de investir e empreender, mas também em suas origens e formações. Há empreendedores, gestores de fundos de ações, multimercado e private equity, com trajetórias variadas.

De maneira aberta e generosa, eles mostram como conduziram suas carreiras, aproveitaram oportunidades e resolveram as dificuldades que foram aparecendo pelo caminho. Em suas histórias, todas contadas em primeira pessoa, fica claro que há diversos caminhos para o topo.

Boa leitura!

CAPÍTULO 1

André Street

Fundador e presidente do conselho de administração da empresa de meios de pagamento Stone

André Street decidiu cedo que queria virar empreendedor. Montou sua primeira tentativa de empresa aos treze anos: uma exportadora de açaí, cachaça e guaraná. No processo, descobriu que uma das grandes dificuldades para os pequenos empresários era pagar e receber pelos produtos que vendiam. Foi assim que entrou no setor financeiro. Aos quinze anos, montou uma empresa de pagamentos voltada para sites de venda de produtos por meio de leilões e, depois de vendê-la, criou novas companhias e investiu em outras. Seu negócio de maior destaque é a Stone, empresa de meios de pagamento fundada em 2012 com o sócio Eduardo Pontes. A Stone, que atende principalmente pequenos e médios comerciantes e concorre com Cielo, Rede e PagSeguro, abriu capital na bolsa norte-americana Nasdaq em outubro de 2018, numa operação que contou com a participação de investidores como a Berkshire Hathaway, do bilionário americano Warren Buffett, o T. Rowe Price, um dos maiores fundos de investimento do mundo, a família Walton, dona da rede de varejo Walmart, e a Ant Financial, do grupo chinês Alibaba. A demanda superou a oferta em vinte vezes, e a empresa captou 1,5 bilhão de dólares. Em agosto de 2019, o valor de mercado da Stone somava cerca de 9 bilhões de dólares. André Street tem 34 anos e é casado há treze anos.

Empreendedor aos treze anos*

Meu bisavô, Jorge Street, foi um grande empresário. Foi dono de uma tecelagem em São Paulo e um dos fundadores do que hoje é a Fiesp (Federação das Indústrias do Estado de São Paulo). Junto com a fábrica, criou também a Vila Maria Zélia, em homenagem a uma filha falecida. Era uma vila operária que oferecia benefícios raros na época, como creche, escola e assistência médica para os trabalhadores.** A tecelagem faliu pouco depois da crise de 1929, mas o empreendedorismo e a generosidade dele com os funcionários foram assuntos bastante comentados na mídia da época. Entre os descendentes diretos do meu bisavô não houve outros empresários, apenas especialistas — engenheiros de ferrovias, engenheiros da área de petróleo, médicos. A história dele me influenciou, mas não foi decisiva. Quando comecei a empreender — ainda estava na escola —, mal conhecia esse passado.

Estudei em diversas escolas porque nunca me adaptei ao ensino tradicional. Hoje percebo como as aulas eram abstratas e entediantes: não buscavam envolver os alunos com casos reais para que a matéria fosse entendida, em vez de apenas decorada. Eu era um péssimo aluno no início do ginásio (atual segundo ciclo do ensino fundamental) e, por fazer bagunça e atrapalhar as aulas com brincadeiras, acabei sendo expulso de alguns colégios. Sempre fui muito inquieto e fazias as coisas de um jeito meio diferente, o que tornava ainda mais difícil a adaptação a métodos de aprendizagem mais convencionais.

Por volta dos doze anos, fui bastante influenciado pelo padrasto do meu então melhor amigo, um empreendedor do ramo imobiliário que me falou da importância de ler. Vendo meu interesse, meu pai passou a me indicar livros. Lia principalmente textos de

---

* O texto tem como base uma palestra dada por André Street na Casa do Saber em março de 2018. Foi editado pela última vez em agosto de 2019.

** A tecelagem se chamava Companhia Nacional de Tecidos de Juta e foi fundada em 1917 em São Paulo. Por sua preocupação com os trabalhadores, Jorge Street era chamado de "industrial socialista" por seus pares ("'Industrial socialista' deu nome de filha a comunidade", *Folha de S.Paulo*, 9 nov. 2003). O empresário também fez parte do Ministério do Trabalho do ex-presidente Getúlio Vargas.

negócios. Aos treze anos, decidi que queria ser empresário. Era um garoto meio abusado, mas bem-intencionado. Queria exportar cachaça, açaí e guaraná natural para os Estados Unidos. Conversando com quem já tinha viajado para lá, soube que esses produtos não existiam no país e achei que havia encontrado uma oportunidade. Frequentei várias feiras de comércio exterior e me matriculei num curso de exportação e importação do Sebrae, que me permitiu passar duas semanas lendo sobre o assunto, estudando e naturalmente convivendo com pessoas mais velhas que trabalhavam na área. A maioria tinha empresas e queria começar a exportar seus produtos ou importar algum insumo. Conviver com esses empresários foi uma transformação para mim, porque me deu maturidade "por osmose". Até hoje aplico muitos dos conceitos que aprendi durante o curso. Entendi, por exemplo, como funciona uma transação comercial entre partes que não se conhecem e quais são os mecanismos de pagamento e financiamento.

Apesar de todo o esforço, não consegui fazer a empresa de exportação de açaí, cachaça e guaraná deslanchar. Mas esse aprendizado na tentativa me deu o insight para criar um novo negócio, a Pagafácil, fundada em 1999, aproximadamente um ano e meio depois do curso do Sebrae. O objetivo da Pagafácil era intermediar transações entre pessoas desconhecidas que estavam comprando e vendendo produtos em classificados de jornal e sites de leilão na internet, que estavam começando a aparecer no ano 2000. Partindo da necessidade dos potenciais clientes e depois de uma boa pesquisa — além de bastante tentativa e erro —, montei junto com um sócio a Pagafácil, uma solução que se tornou o principal intermediador de confiança da época. Ainda assim, era um negócio pequeno, porque o volume de compras na internet naquele período era ínfimo.

A empresa evoluiu aos poucos. Como meu pai não tinha dinheiro para emprestar para o negócio, foi necessário levantar recursos com terceiros desde o início. Isso me deu uma experiência que também uso até hoje: para financiar um projeto, é preciso montar um plano de negócios e se comprometer com os resultados. Fiz esse planejamento inicial junto com o meu irmão mais velho, que estudava engenharia na PUC do Rio de Janeiro e se matriculou na aula de empreendedorismo do professor Claudio Nasajon para me ajudar (Nasajon, mais tarde, se tornou um dos meus investidores). Foi excelente. Ali aprendi muitas coisas, pois frequentava a aula indiretamente. Com o plano em mãos, fui para a rua falar com todos os empresários que conhecíamos, os amigos e os amigos dos amigos que pudessem financiar o projeto. Conseguimos cinco investidores, que colocaram 120 mil reais na empresa. Entre esses investidores está um que se tornou um dos meus melhores amigos e mentor. Talvez tenha sido uma das maiores sortes que já tive, conhecer alguém disposto a doar seu tempo para me ajudar com tanto carinho. Quanto mais você vai caminhando e se esforçando, mais sorte dá de conhecer pessoas que te melhoram. Até hoje isso acontece.

Considero fundamental ter mentores. É uma oportunidade de buscar conhecimento — e acesso — com pessoas mais experientes, que já tenham feito o que quero fazer, em áreas diferentes. Isso ajuda a tomar decisões mais inteligentes, que é o que realmente importa. É possível evoluir sozinho, claro, porém é muito mais demorado. O curioso é que há muitas pessoas generosas e disponíveis, que querem compartilhar o que sabem. Basta procurá-las, sintonizar-se — e ter habilidade para manter o relacionamento, também oferecendo conteúdo para elas.

Humildade e paranoia

Ao mesmo tempo em que tocava a Pagafácil, eu fazia faculdade de direito. Passei no vestibular muito cedo, aos quinze anos. Comecei a fazer o curso com uma autorização judicial e mediante a obrigação de terminar o colégio num supletivo em dois anos. Estudei na Faculdade Cândido Mendes, em Ipanema, no Rio de Janeiro. Era um ambiente maravilhoso: eu assistia às aulas e em seguida ia para a empresa. Era uma vida bacana, e eu me esforçava muito, trabalhava duro, porque realmente queria fazer a empresa dar certo e gostava de estudar, principalmente direito empresarial. Tinha um pensamento quase infantil sobre a Pagafácil: achava injusto que dificuldades no sistema de pagamentos fossem um impeditivo para os negócios acontecerem. Essa é a parte legal de ser jovem: quem não conhece as impossibilidades acha que pode fazer tudo e vai em frente.

A Pagafácil viveu um drama chocante para mim em 2003. O dinheiro a receber da Visanet, que era a empresa que processava as nossas transações dos cartões Visa, foi bloqueado por suspeita de fraude — oferecíamos um serviço novo, totalmente on-line, o que acendeu os alertas por lá. Éramos o agente de confiança dos vendedores e compradores dos sites e classificados. Depois de deixar de pagar os vendedores por cerca de quatro dias, a Pagafácil quase entrou em colapso. Para tentar resolver um problema, peguei um ônibus do Rio de Janeiro, onde morava, para São Paulo, e saí atrás do presidente da Visanet. Fui até a sede da companhia e, no segundo dia tentando contato, consegui conhecer o diretor-geral executivo, Antonio Castilho, que acabou se tornando uma pessoa fundamental na minha carreira. Ele resolveu o problema da Pagafácil, compreendendo a questão do serviço on-line e, além disso, foi generoso e me explicou em detalhes como funcionava aquela indústria. Os bancos que eram donos da Visanet não queriam que outras empresas de meios de pagamento — conhecidas como subadquirentes — existissem, ao menos naquela época. Era o caso da Pagafácil. Ele sugeriu que eu montasse um plano de transição de modelo de negócios. Entendi aquilo como uma grande arbitrariedade dos bancos, até porque a Pagafácil servia a um objetivo específico de agente de confiança on-line e complementar ao negócio da Visanet. Mas monopólio não tem ouvidos.*

Uma das características que considero essenciais para um empreendedor é a paranoia. É preciso ser obsessivo na avaliação dos

* A Visanet, que hoje se chama Cielo, é controlada pelo Banco do Brasil e pelo Bradesco. Sua principal concorrente, a Rede, é controlada pelo Itaú. Naquela época, o mercado era dividido em dois: a Visanet cuidava das transações feitas com os cartões da bandeira Visa, e a Redecard era responsável pelas da Mastercard. Não havia concorrência direta. O modelo mudou a partir de 2010, quando o Banco Central editou uma nova regulamentação determinando que não houvesse mais essa exclusividade entre bandeiras e adquirentes.

riscos e das consequências que podem trazer para o negócio. Fico o tempo inteiro me questionando se minha empresa está ameaçada por alguma fraqueza, quais são as causas e como resolver isso. Também monitoro exaustivamente meus concorrentes no campo. Outra característica fundamental, na minha opinião, é a humildade: se achar o máximo é um perigo mortal, que pode levar sua empresa a fracassar. Claro que é importante se orgulhar do que construiu, mas com os pés no chão. Não vale a pena ficar contemplando isso, porque o mercado muda e podem surgir concorrentes melhores. O mundo gira em dois minutos. Não acredito em atingir o sucesso, acredito em ser feliz com o que se faz.

Em 2004, com uma visão mais clara sobre o setor de meios de pagamento, recebi uma proposta para vender a Pagafácil e preferi aceitar, apesar de não ser o melhor negócio do mundo financeiramente.* Na verdade, a transação foi importante muito mais pelo fechamento de um ciclo de negócios e pela possibilidade de devolver o dinheiro aos meus investidores. Também me deu tranquilidade para pensar no passo seguinte. Mais maduro e com o aprendizado de cinco anos na Pagafácil, pude avaliar melhor as oportunidades de mercado e estruturar um novo negócio.

Ainda em 2004, conheci Eduardo Pontes, meu sócio "siamês", com quem tenho o privilégio de dividir tudo o que faço até hoje (atualmente, ele mora em Londres). Eduardo é um pouco mais velho que eu, já tinha trabalhado em bancos estrangeiros e montado uma empresa, o que me exigia a capacidade de argumentar com alguém mais experiente e muito inteligente.** Além disso, é de um pragmatismo descomunal. Juntos, montamos diversas empresas, como a Netcredit, especializada em financiar compras no varejo, fundada em 2005. A Netcredit criou um processo totalmente eletrônico para financiar consumidores que estavam buscando crédito com prazo

* Diversas reportagens informam que a Pagafácil foi vendida por cerca de 500 mil reais.

** Antes de se associar a André Street, Eduardo Pontes fundou a Language Edge, empresa especializada em treinar estudantes que queriam fazer cursos na Europa e nos Estados Unidos. A empresa foi vendida em 2004.

de 12 a 48 meses em lojas e sites de varejo. O sistema pesquisava taxas de juros em diferentes bancos, o que ajudava os clientes a encontrar empréstimos mais baratos. Além disso, a análise era feita na hora, on-line, o que era pouco comum em 2005, quando muitas varejistas ainda trabalhavam com fichas de papel. Em 2007, vendemos a empresa para o banco brasileiro BGN, que foi comprado pela Cetelem, financeira controlada pelo banco francês BNP Paribas.

Um ano antes, em 2004, fundamos a Braspag, uma empresa que conecta meios de pagamento a lojistas de comércio eletrônico. A Braspag foi especialmente marcante, pois foi o negócio a que nos dedicamos de corpo e alma, madrugadas a fio. Nós dois pensamos em cada detalhe juntos e implementamos todos os projetos dos grandes clientes que tínhamos. Montamos ali o embrião da nossa cultura empresarial, que mistura aprendizados meus e dele, nossos conceitos éticos e objetivos de vida. Pudemos experimentar como treinar os jovens que vinham trabalhar conosco para atingir metas que inicialmente pareciam impossíveis. Ajudamos diversas empresas estrangeiras, como Google, Paypal, Dell e Apple, a entrar no Brasil processando suas transações on-line em moeda nacional (antes da Braspag, esses pagamentos eram processados no exterior). Isso facilitou a instalação dessas companhias no Brasil. Em 2009, pouco antes de ser vendida, a Braspag chegou a ser responsável pelos pagamentos de cerca de 80% das lojas on-line do país. Chegamos a negociar a venda da Braspag para a Cielo e para empresas estrangeiras do setor, mas ela acabou sendo vendida para o Grupo Silvio Santos.* Em 2011, em razão da crise por que passou a organização, a Braspag foi vendida para a Cielo.**

Eu e Edu saímos desse processo com uma parceria ainda mais sólida, com a certeza de que seríamos sócios para sempre e com uma

---

* O valor de compra informado na época foi de 25 milhões de reais.

** Em 2010, o Banco Central descobriu que havia um rombo contábil bilionário nas contas do banco Panamericano, resultado de fraudes. Em 2011, o Panamericano foi vendido ao BTG Pactual. Em 2018, alguns de seus ex-diretores foram condenados por crimes financeiros, entre eles Rafael Palladino, que comandava a instituição. A Cielo comprou a Braspag por 40 milhões de reais segundo informado pela imprensa na época.

cultura empresarial fortalecida. Pudemos estabelecer conceitos que facilitam nossa tomada de decisão. Alguns dos mais marcantes para mim são: i) servir ao cliente em primeiro lugar e dar importância para a sua real necessidade, fazendo todos na empresa respirarem isso como missão; ii) usar a tecnologia para transformar a experiência e o processo operacional do cliente externo e interno; iii) começar pequeno e ir crescendo gradualmente; iv) formar jovens melhores do que nós, com três pilares indissociáveis: inteligência, integridade e energia; v) pensar diferente dos nossos concorrentes, bebendo de outras fontes para poder melhorar e sempre fazer benchmark com outras indústrias, independentemente do país; vi) ter um propósito de transformação social que vai além do sucesso financeiro. Nosso mantra é inovar para solucionar problemas. Jovens inconformados e alguns poucos jovens de cabelos brancos de outros setores facilitam muito esse processo.

A grande tacada

Durante esse ciclo de 2004 a 2010, em que Eduardo e eu vivemos as aventuras de Braspag e Netcredit, começamos a investir nosso próprio dinheiro em negócios de empreendedores que, na nossa opinião, eram melhores do que nós na época. Com a experiência que estávamos adquirindo, achávamos que poderíamos ajudá-los bastante, além de prover o capital inicial que, naquele período, era praticamente indisponível para eles. Assim, em 2008, investimos o *seed capital* do MoIP, startup de soluções de pagamento mais tarde vendida por 164 milhões de reais para a alemã Wirecard, e do Siteblindado, especializado em segurança para o comércio eletrônico. Em 2011, depois da fusão com outras empresas, o Siteblindado tornou-se o SieveGroup, que foi vendido para a B2W por 132 milhões de reais. Esse era o embrião do que viria a ser a Arpex Capital.

Em janeiro de 2011, após o ciclo da Braspag, criamos junto com um amigo norte-americano especializado em venture capital, Ted Rogers (o "Gringão", como ficou conhecido), e meus amigos e sócios da 3G uma empresa de investimentos chamada Arpex.* O objetivo era investir nosso próprio capital em negócios pequenos que poderiam se tornar grandes, seguindo aqueles nossos conceitos empresariais, naturalmente acrescidos do conhecimento trazido por Ted dos Estados Unidos e dos aprendizados com nossos sócios mais experientes.

A Arpex fez poucos e bons investimentos e teve um excelente retorno do capital investido, pois concentrou-se em um leque restrito de atividades, dentro do círculo de conhecimento dos sócios. Por exemplo, não entrou nas aventuras da minibolha de tecnologia que se criou no Brasil em 2012.

Em 2012, entendemos que uma oportunidade única se formava no setor de meios de pagamento, que conhecíamos fazia bastante tempo, e que era a hora de voltar a empreender do zero — coisa que temos paixão por fazer. Acho também que somos bem mais empreendedores do que investidores. Até mesmo como investidores, nosso prazer está em ajudar os fundadores das empresas, e isso exigia um grande quinhão dos negócios que investíamos, o que não é necessariamente o papel de uma firma de venture capital. A Arpex foi se tornando uma atividade secundária, e o foco virou criar a Stone.

Em 2010, o Banco Central criou o grande marco regulatório do setor de cartões, que acabou com a exclusividade entre as bandeiras de cartões e os adquirentes.** Mas apenas em 2012, depois que o BC publicou as circulares com as novas regras, entendemos que o marco regulatório era para valer e que, portanto, promoveria mudanças estruturais se novos empreendedores e empresas estrangeiras entrassem para esse mercado no Brasil. Achamos que era o momento de criar o setor com que sonhávamos desde os tempos de Braspag. Era possível, mas sabíamos que haveria uma competição voraz e que haveria imensa resistência por parte dos bancos. Ainda assim, víamos como uma oportunidade única num ramo dominado

* 3G é a empresa de investimentos de Jorge Paulo Lemann, Beto Sicupira e Marcel Telles.

** Ou seja, uma mesma "maquininha" passou a aceitar cartões de diferentes bandeiras.

por apenas um tipo de oferta totalmente desconectada da necessidade do cliente comerciante. Essa iniciativa do Banco Central e do Cade (órgão que analisa as práticas concorrenciais no país) e suas sequentes incursões para transformar o setor financeiro ainda vão criar um ambiente de negócios muito melhor no Brasil. Tem sido um trabalho magnífico, feito por verdadeiros empreendedores do setor público.

Assim, em 2012, eu e Edu decidimos criar a Stone (StoneCo). Para isso, montamos um plano de desinvestimento das empresas em que a Arpex tinha maior participação. O objetivo era concentrar esforços na construção dessa nova companhia.

A Stone tem mais de 7% do mercado de cartões. Está entre as quatro maiores do setor no Brasil. Ganhou essa participação em pouco mais de sete anos, em razão de um vertiginoso crescimento orgânico e ajudada também pela compra da concorrente Elavon, em 2016. Além disso, tem quase 4 mil funcionários e faturou aproximadamente 1,6 bilhão de reais em 2018, com alta lucratividade. É conhecida pela sua cultura de foco no cliente. Seu processo seletivo tem, todo ano, aproximadamente 60 mil candidatos aficionados por empreendedorismo. A empresa continua dobrando de tamanho e lucratividade a cada ano.*

O principal negócio da Stone é atender a pequenos e médios comerciantes espalhados pelo Brasil, mas especialmente em cidades menores, e que são sobretaxados e mal atendidos. Além das maquininhas de cartão e do processamento dos pagamentos, oferecemos outros serviços de informação que ajudam o empreendedor a conhecer e gerir melhor seu negócio. Também estamos investindo em empresas que estão criando outros produtos e serviços para facilitar a vida desses comerciantes, como sistemas de PDV (ponto de venda) e crédito mais barato para capital de giro. O objetivo é auxiliar esses lojistas, que têm margens baixas, a ganhar eficiência e crescer. Até ajudamos a cancelar o contrato anterior, porque fazer

* Os dados desse parágrafo são do início de 2019. Cielo e Rede perderam participação de mercado, mas detêm uma fatia de 70% do setor.

isso num call center de uma empresa tradicional pode levar horas. Esses empresários vivem na ineficiência por falta de opção, e queremos mudar isso.

Trata-se de um mercado que era praticamente ignorado por grandes concorrentes há poucos anos. Isso mudou: hoje existe concorrência e, honestamente, é algo que me deixa muito feliz. Acho lindo quando vejo companhias que lideram o mercado de cartões reduzindo suas taxas e abrindo mão de margem de lucro para concorrer conosco e com outras empresas novas. Agora, precisamos adicionar mais valor aos nossos clientes para nos manter competitivos, e o trabalho está só começando. Se conseguirmos, ganhamos a briga, mas os comerciantes também serão beneficiados. Nosso propósito é equilibrar as forças entre lojistas e bancos. A relação melhorou com a abertura do mercado, mas ainda é muito desigual. O Brasil tem um sistema financeiro avançado do ponto de vista técnico e retrógrado sob o aspecto competitivo, o que atrasa o avanço de novas tecnologias. Mas isso está evoluindo, e me parece que vai continuar melhorando.

A Stone tem ainda outras duas áreas de prestação de serviços a diferentes empresas. Somos o adquirente de sites de comércio eletrônico e funcionamos como uma espécie de motor, provendo infraestrutura a empresas de meios de pagamento que querem funcionar de forma completa. O Mercado Pago, do site de comércio eletrônico Mercado Livre, é um dos nossos clientes nesse segundo segmento, além de Sumup, Bemacash, Magazine Luiza e outras companhias de grande porte.

Desde o início, o objetivo sempre foi fazer a empresa dar lucro. Um dos nossos mandamentos é que nada substitui o santíssimo lucro real. O empresário pode optar por reinvestir tudo — e captar recursos para investir mais —, mas o negócio precisa se pagar. Fui criado em ambientes de escassez, desde casa até o início como empreendedor, quando praticamente não havia fundos de *venture capital* dispostos a investir em startups no Brasil. Não entendo como fazer uma empresa dar certo sem lucro ou sem uma visão clara sobre quando será rentável. Saber entender a dinâmica do custo de aquisição de cliente e o valor da relação no tempo, além de compreender profundamente os custos por unidade do seu negócio e a margem bruta, permitem que o empreendedor dimensione o investimento necessário até chegar ao lucro, o que gera confiança em quem investe nesse estágio em que vários negócios costumam quebrar por falta de administração.

Tomamos a decisão de abrir o capital da Stone em 2018 para a empresa continuar crescendo e, principalmente, para se institucionalizar. Consigo enxergar espaço para a companhia seguir em expansão por mais no mínimo uma década, como parte da transformação do mercado financeiro tanto no Brasil como em outros países. Um dos nossos planos é montar operação em outros lugares, provavelmente na América Latina. Acho que no futuro haverá novas empresas atuando no setor financeiro, que vão tomar o lugar dos grandes bancos, ao menos em parte. Não tem por que pagar doze reais para fazer uma transferência de dinheiro. Entendo que a questão da marca pese, mas o impacto é menor do que eu imaginava. Como a regulação é sólida no Brasil, existe confiança. Se uma instituição passa por problemas, ou mesmo quebra, há mecanismos que protegem os clientes finais.

Nunca minta

Quando tinha dezesseis anos, tomei a decisão de parar de mentir. Acho que todo moleque é meio mentiroso: para conseguir algumas coisas na escola e na vida social, é comum inventar um pouco, como "molecagem". Nem sempre falava a verdade para as minhas namoradas, por exemplo. Mas, com o passar do tempo e com o contato com pessoas mais velhas, já no mundo dos negócios, vi que esse comportamento não ia dar certo. Foi a decisão mais importante da minha vida. Sou casado há treze anos, e minha mulher foi uma das principais responsáveis por essa decisão lá atrás, quando a conheci. Seu caráter e inteligência emocional foram pilares para meu crescimento e amadurecimento. Meus clientes, sócios e funcionários sabem que podem acreditar no que digo e, por isso, confiam em mim, o que torna o dia a dia muito mais fácil. A reputação faz toda a diferença.

Outro conselho que dou aos mais jovens é se esforçar ao máximo para trabalhar com o que gosta, com o que de verdade desperta seu interesse. Assim você fará naturalmente bem mais do que se espera. E também diria para jamais deixar para resolver amanhã algo que pode ser resolvido hoje — é uma característica da minha personalidade que sempre incorporei para empreender.

Cometi muitos erros profissionais. Deixei de participar de negócios que deram certo, entrei em outros que não foram tão bem. Procuro não me vitimizar, nem me arrepender, mas aprender com esses erros. O mais marcante aconteceu na Braspag. Quase quebrei a empresa. Quando vendemos a Netcredit, eu e Edu passamos a nos achar grandes empresários, convivendo no meio de banqueiros. Éramos supernovos e supostamente havíamos feito um bom negócio. Além disso, tínhamos os investimentos no MoIP e no Siteblindado. Demos mais atenção a esses negócios secundários e acabamos largando a Braspag, que era nosso principal ativo na época, nosso verdadeiro ganha-pão. Contratamos quatro executivos e terceirizamos a gestão. Fomos egoístas, pensamos em nós em primeiro lugar. A empresa passou a ter resultados ruins e precisamos colocar dinheiro do bolso para que continuasse de pé.

Meu conselho para quem se sentir assim algum dia: vá para os Estados Unidos e converse com qualquer empresário mediano de lá; aposto que vai ser um choque de realidade. Sempre que viajo para lá volto mais humilde, querendo trabalhar mais e cheio de ideias. Com o erro da Braspag, aprendi que o empreendedor precisa ter responsabilidade com sua equipe e estar comprometido com o crescimento do negócio, que é o que cria oportunidades para todos. A empresa precisa vir em primeiro lugar.

Meu maior medo, no campo profissional, é o desconhecido. Quando uma ameaça passa a ser conhecida — como um novo concorrente entrando no mercado —, torna-se um risco que é possível de ser medido e talvez até controlado.

De bem com a escola

Sempre tive o sonho de morar nos Estados Unidos, mas não queria me ausentar dos negócios. Quando a Braspag passou por problemas — culpa da nossa inexperiência e falta de maturidade —, achei que um estudo formal poderia ajudar. Decidi, então, fazer o OPM (Owner and President Management Program), que é um programa de educação executiva da Harvard Business School voltado para fundadores e presidentes de seus próprios negócios. É um curso de três anos de duração, em que os alunos passam um mês por ano na universidade. O começo foi muito difícil. Havia a barreira da língua, e eu estava num momento profissional conturbado, em meio às negociações para a venda da Braspag. Além disso, era bem mais novo que a maioria dos colegas — tinha 22 anos —, o que gerou um desconforto adicional. Mas, no segundo ano, passei a achar tudo espetacular. Consegui aproveitar os estudos de caso que são discutidos no curso e contribuir com a minha experiência de empreendedor digital num país emergente. Aprendi muito sobre gestão e processos, mas o grande ganho foi em termos de maturidade. Voltei com mais experiência para tocar uma empresa.

Hoje apoio financeiramente uma escola em que gostaria de ter estudado a minha vida inteira, a Alpha Lumen. Fica em São José dos Campos, interior de São Paulo, e tem cerca de 450 alunos — por volta de 70% deles são bolsistas. É tocada pela melhor educadora que conheço, Nuricel Villalonga. A escola tem um olhar atento para identificar no que os estudantes estão genuinamente interessados e conecta o conteúdo das matérias com a realidade, por meio de experiências e debates. Isso faz muita diferença. O investimento na formação das crianças e dos jovens é grande, e o objetivo central é que se tornem pessoas éticas e emocionalmente bem resolvidas para que sejam agentes transformadores em nossa sociedade. A escola também tem obtido resultados incríveis em olimpíadas de física, matemática e astronomia, e em concursos de empreendedorismo e tecnologia. Pelos nossos cálculos, 35% dos alunos já receberam alguma medalha relevante. Além disso, muitos estudantes são aprovados em vestibulares no Brasil e em universidades de alto nível no exterior. Escolas assim podem transformar nosso futuro.

OS PRINCIPAIS CONSELHOS DE ANDRÉ STREET

Sobre carreira e empreendedorismo

1 **Descubra o que gosta de fazer: assim, seu dever torna-se seu prazer**
Tente se esquivar dos modismos e das expectativas de pais e professores e encontrar sua própria trajetória. Assim, você descobrirá pessoas mais experientes que escolheram o mesmo caminho e vão poder ajudar. Identifique-as.

2 **Seja paranoico**
Dê importância aos riscos que podem prejudicar seu negócio, mesmo que pareçam pequenos ou improváveis. Procure adotar medidas para mitigá-los constantemente, de forma quase obsessiva.

3 **Tenha humildade**
O mercado muda, e é preciso se aperfeiçoar e evoluir constantemente para não ficar para trás. Admire a inteligência e os feitos dos outros, entenda que não sabe tudo e aprenda a se associar para se complementar sempre que necessário. Os interesses da empresa devem estar acima das aspirações pessoais.

4 **Construa uma reputação**
Um empresário que quer manter clientes, sócios e funcionários no longo prazo precisa ser honesto e cumprir suas obrigações e o que promete. Sua palavra é seu bem mais valioso.

5 **Apaixone-se pelo problema e concentre esforços para melhorar a vida do cliente**
Quem tem uma causa por que lutar vai mais longe. Uma empresa tem mais chances de dar certo se encontrar soluções diferentes para resolver as dificuldades de seus clientes.

6 **Procure ajuda**
Conheça os especialistas nas áreas em que sua empresa tiver pro-

blemas e procure-os. Os conselhos de mentores — empresários que já montaram negócios de sucesso, por exemplo — podem fazer uma empresa avançar mais rápido. Mas a decisão final será sempre sua.

SUGESTÕES DE LEITURA

Satisfação garantida: Aprenda a fazer da felicidade um bom negócio
Tony Hsieh
"Conta a história de sucesso da Zappos.com, uma varejista on-line que foi comprada pela Amazon. Mostra por que vale a pena colocar o consumidor em primeiro lugar. Empresas que realmente fazem isso e trabalham para resolver os problemas dos clientes conseguem se diferenciar."

Conversas difíceis
Douglas Stone, Bruce Patton e Sheila Heen
"O livro traz boas reflexões sobre algo que um empresário deve fazer todos os dias. Também dá dicas práticas de como ter essas conversas difíceis de forma natural."

The Outsiders
William N. Thorndick Jr.
"O livro conta a história de oito CEOs de empresas americanas que tiveram grande sucesso e retornos espetaculares. Mais interessante é observar o jeitão de cada um e como abordavam os problemas. Uma aula de negócios."

Paixão por vencer
Jack Welch e Suzy Welch
"Acho que esse livro deve ser lido mais de uma vez, especialmente por quem está administrando uma empresa. Conta histórias importantes que ajudam a tomar decisões e dá várias lições de liderança — fala, por exemplo, da importância da franqueza."

Equipes brilhantes
Daniel Coyle
"Trata da importância de aprender a fazer o desempenho do grupo ser superior ao individual. O poder da cultura de uma sociedade, uma equipe ou uma empresa vai além do que é óbvio sobre contratar pessoas boas. A importância de criar um ambiente em que essas pessoas de fato se sintam seguras é uma das grandes lições do livro."

Blitzcaling: O caminho mais rápido para construir negócios extremamente valiosos
Reid Hoffman e Chris Yeh
"O livro aborda os aprendizados de empresas de alto crescimento nos Estados Unidos."

CAPÍTULO 2

Arminio Fraga

Fundador e presidente da gestora de recursos Gávea

Filho e neto de médicos, Arminio Fraga diz ter decidido estudar economia por eliminação. Formou-se na PUC do Rio de Janeiro, onde também concluiu seu mestrado. Em seguida, fez doutorado em Princeton e foi trabalhar no banco Garantia. Ao longo da carreira, teve posições de destaque na academia, no mercado financeiro e também na vida pública. Deixou o Garantia no fim dos anos 1980 para dar aulas no departamento de finanças da Universidade da Pensilvânia, nos Estados Unidos. Nessa época, também trabalhou no banco Salomon Brothers. Saiu de lá quando recebeu o convite para ser diretor de assuntos internacionais do Banco Central, em 1991. Depois disso, trabalhou na gestora do investidor George Soros, onde era um dos responsáveis por investimentos em países emergentes. Em 1999, foi convidado para presidir o Banco Central do Brasil, no meio da crise cambial. Enfrentou outro período bastante conturbado no BC: a instabilidade provocada pela eleição de 2002. Com a troca de governo no ano seguinte, deixou o BC e montou a gestora de recursos Gávea, que tem 12 bilhões de reais sob gestão. Tem 61 anos, é casado e pai de dois filhos. E diz continuar com "disponibilidade de espírito" para tentar ajudar o país.

Descobrindo a verdadeira vocação

Decidi estudar economia por eliminação. Venho de uma família de médicos — meu pai, meu avô e meus tios eram apaixonados pela medicina — e acho essa a profissão mais linda. Mas concluí que não tinha vocação. À medida que eu me aproximava do vestibular, vi que aquilo não estava na minha alma. Comecei a avaliar as opções e fui excluindo o que não me atraía. Não queria ser advogado, nem engenheiro, por exemplo. Gostava de matemática e queria entender como o mundo funcionava, como os negócios eram feitos. Por isso, resolvi ir para a economia. Entrei na PUC do Rio de Janeiro. Na época, meados dos anos 1970, o curso era mais ou menos, então decidi começar a trabalhar cedo. No segundo semestre de faculdade, fiz um estágio na Atlântica-Boa Vista Seguros.*

No meio do meu curso, chegou uma turma nova e excelente de professores na PUC, entre eles Dionísio Dias Carneiro, Chico Lopes, Rogério Werneck, Pedro Malan, Edmar Bacha, Paulo Guedes, André Lara Resende e Pérsio Arida — que, mais tarde, se envolveu intensamente na vida pública do Brasil. Essa mudança me motivou e acabou me puxando para o lado acadêmico. Eu tinha em mente um modelo de vida parecido com o de muitos médicos, que têm suas paixões acadêmicas e sociais, mas também um consultório para desenvolver outro tipo de trabalho e reforçar a renda.

Fiz mestrado logo depois de terminar a faculdade, também na PUC. Em seguida, parti para um doutorado em Princeton. Uma boa surpresa foi ter recebido um convite para trabalhar no banco Garantia, em 1985, logo depois de ter concluído os estudos no exterior. Tinha outras ofertas no forno chegando para mim, mas nem quis ouvir. Já conhecia a reputação do banco como lugar de excelência, uma empresa dinâmica onde os funcionários podiam virar sócios. A possibilidade de me tornar sócio foi o que me fisgou. O salário, em si, era baixo. Consegui montar uma casa e comprar dois carros

* Fundada pela família Almeida Braga, a companhia foi uma das maiores seguradoras do país. Em 1983, foi vendida para o Bradesco.

usados com as economias acumuladas em Princeton — enquanto estudava, trabalhei como assistente de ensino e de pesquisas. Também já era casado e tinha uma filha, nascida nos Estados Unidos.

Fui contratado para ser o economista-chefe do Garantia, mas não tinha uma equipe para liderar, trabalhava sozinho. Fazia análises voltadas para as atividades do banco. Eu fornecia insumos econômicos sobre temas variados: inflação, que era um assunto muito quente na época, taxa de câmbio, balanço de pagamentos. Depois de um tempo, assumi a área de análise de ações, que estava meio largada porque o peso maior estava com a Tesouraria. A equipe era pequena, mas ótima. Um exemplo: um dos analistas era o José Olympio Pereira, hoje presidente do banco Credit Suisse no Brasil.

Por sorte, naquela época a Bolsa começou a negociar derivativos.* Isso era comum nos Estados Unidos, onde eu havia aprendido modelos de cálculo de preços de derivativos. Com a ajuda do José Olympio, que é engenheiro, programamos a famosa fórmula de Black e Scholes** e fazíamos arbitragens entre os derivativos e os ativos negociados no mercado à vista, o que não existia por aqui naquele período. Foi assim que comecei no mercado de investimentos, fazendo essas operações de arbitragem. Não era nada muito grande, mas dava dinheiro e eu estava satisfeito, também porque trabalhava com uma equipe espetacular. Além dos sócios — Jorge Paulo Lemann e Marcel Telles —, convivia com Tom Freitas Valle, Bruno Rocha, Claudio Haddad e outros que depois se tornaram expoentes do mercado financeiro, como Rogério Xavier, que era bem jovem à época. Foi como um outro doutorado, dessa vez na escola da vida. Em 4 de março daquele ano nasceu nosso filho. A Bolsa subiu 23% no dia, o primeiro pregão após o Plano Cruzado!

A experiência com Marcel, que tocava o banco, foi particularmente rica. Sua estratégia de investimento era ter paciência, ficar com o pé na água aguardando a oportunidade certa para entrar de cabeça:

* Instrumentos financeiros que podem ser negociados por investidores para fixar o preço futuro de ativos, como ações e moedas.

** A fórmula de Black e Scholes é usada para determinar o preço de derivativos.

ter convicção e montar uma posição grande, que fizesse a diferença. Mas é preciso estar sempre ligado para não deixar essas oportunidades passarem. Outro ponto interessante do Garantia era seu modelo de investimento não dogmático — rigoroso, mas flexível. A avaliação era que momentos diferentes exigiam visões diferentes e, portanto, estratégias de investimento distintas. Nos anos 1980, as crises eram muito frequentes. Vivíamos num ambiente confuso, em que as políticas públicas eram erráticas, e o governo estava na origem de muitos dos problemas. Lidar com isso, com a orientação de pessoas como Marcel, foi uma grande lição.

Além de trabalhar no Garantia, mantive um pé na academia: fui professor na PUC e na Fundação Getulio Vargas, no Rio. Apesar de as coisas irem bem no Garantia, eu e minha mulher tínhamos o desejo de voltar a viver nos Estados Unidos. Em 1988, recebi uma proposta para dar aulas como professor visitante no departamento de finanças da Wharton School, escola de negócios da Universidade da Pensilvânia. Não fiz muitas contas e fui. Concluí que a vida acadêmica em horário integral não era mesmo para mim e acabei conseguindo uma posição no banco de investimentos Salomon Brothers, na área de derivativos e produtos novos. Fiquei lá uns meses, mas logo passei para a área de investimentos proprietários (ou seja, capital da casa) em mercados emergentes — que, na época, nem se chamava assim. Era um mercado completamente desorganizado: quando negociávamos dívida, por exemplo, a análise da documentação precisava ser bem intensiva, porque aquilo que estava no contrato podia fazer diferença entre ganhar e perder. Mas se esse mercado fosse operado direito, poderia ser bastante rentável. Também fui para a área de derivativos do Salomon, que tinha uma equipe brilhante, mas que fazia operações de altíssimo risco.

Tive três posições principais no Salomon. Uma delas era em papéis da dívida mexicana, os famosos *bradies*. O México havia acabado de concluir a renegociação de sua dívida, no contexto do Plano Brady.*

* O nome do plano faz referência ao secretário do Tesouro dos Estados Unidos na época, Nicholas Brady, que intermediou as negociações. Países como Brasil, Argentina

Com essa reestruturação, eu acreditava que o México estava organizado, mas os papéis de curto prazo (os chamados Cetes) pagavam uma taxa de juros muito alta, então parecia um ótimo negócio. Eu estava no segmento de arbitragem, e aquela era uma operação de juros e câmbio, então fui falar com o responsável pela área de câmbio. Apresentei toda a tese, e ele mudo. Depois de um tempo, respondeu: dá para investir 1 bilhão de dólares. Só que o mercado não tinha liquidez, então sugeri, no máximo, 200 milhões. E deu certo.

O México tinha dois títulos principais da dívida soberana com prazo de 29 anos naquela época, um com taxa fixa e o outro, flutuante. Eles existiam para cumprir as necessidades regulatórias dos bancos que haviam emprestado para o governo. Eram idênticos, mas tinham rendimentos muito diferentes, porque o objetivo original não era econômico, era regulatório. Quando há pessoas agindo no mercado sem objetivos econômicos, em geral existem oportunidades de ganho. Sendo assim, fiz também operações de arbitragem com esses dois papéis.

A terceira operação era no Brasil, que também estava renegociando sua dívida, mas havia decidido não incluir na reestruturação papéis de estatais como BNDES, Petrobras e Vale, que na época era controlada pelo governo. Resolvemos comprar esses títulos porque achávamos que se valorizariam com o tempo, o que aconteceu.

Quando eu estava com essa carteira maravilhosa, em 1991, recebi um convite para ser diretor do Departamento de Assuntos Internacionais do Banco Central do Brasil e resolvi aceitar. Estávamos no meio do ano, e tive de negociar meu pagamento com o Salomon. A princípio, o banco disse que me pagaria em dezembro, com base nos resultados da minha carteira. Mas expliquei que a essa altura não poderia receber, porque haveria conflito, já que eu estaria na área internacional do BC. Propus que eles me pagassem o que achassem apropriado no momento: recebi, acho, um terço do que eu ganharia.

---

e México estavam bastante endividados em dólar, e o plano permitiu a redução e o alongamento da dívida. Em troca, os países se comprometeram a fazer reformas liberais, como privatizações e quebras de monopólio.

Mas acabei dando sorte porque, no segundo semestre, veio à tona o escândalo dos *bonds*, e o banco não distribuiu bônus.*

Fiquei um ano e meio no Banco Central e, como imaginava, foi uma experiência maravilhosa, embora difícil. Éramos a segunda equipe econômica do presidente Fernando Collor de Mello, encarregada de arrumar a bagunça criada pelo Plano Collor.** Ganhei experiência em acordos com o Fundo Monetário Internacional e com outros países — o que só havia visto do lado de fora, e então pude vivenciar por dentro. Além disso, o governo queria abrir o país ao mercado externo, e isso envolvia diretamente a minha área. Um exemplo: fizemos uma parceria com a Comissão de Valores Mobiliários para regulamentar os ADRs, que ainda não existiam de fato.*** Até que, em 1992, Collor foi submetido a um processo de impeachment, renunciou ao cargo e saímos todos, após um período de transição.

Do céu ao inferno com George Soros

Minha primeira opção era abrir um fundo próprio. Eu tinha um investidor âncora, mas queria dois, para me garantir. Um colega de turma, então sócio na gestora de George Soros, me apresentou ao seu chefe. Ele é bastante objetivo e gosta de analisar o mundo do ponto de vista macro e político. Como eu tinha essa bagagem, a conversa fluiu bem, e ele achou que minha experiência seria interessante para

* O banco negociou títulos do Tesouro norte-americano num volume superior ao permitido pelos reguladores. Foi multado em quase 300 milhões de dólares. Descobriu-se, mais tarde, que não havia sido a primeira vez. O Salomon quase quebrou depois do escândalo e foi incorporado pelo Citibank.

** O plano, cujo objetivo era tentar controlar a hiperinflação da época, congelou depósitos em conta-corrente e na caderneta de poupança. A inflação chegou a baixar por um período, mas voltou a subir, e a economia mergulhou numa grave crise.

*** Sigla de American Depositary Receipts. São depósitos de ações de empresas brasileiras negociadas nas bolsas norte-americanas. A primeira empresa brasileira a emitir ADRs foi a fabricante de papel e celulose Aracruz, em 1992. A Aracruz quase quebrou em 2008: foi incorporada pela Votorantim Papel e Celulose, e a operação deu origem à Fibria, vendida para a Suzano em 2018.

a casa. George me contratou sem falar com o Stanley Druckenmiller, que era quem tocava a gestora na época, então fui sem discutir nem negociar nada. Minha área era a de mercados emergentes e submergentes. Recebi um capital total que podia negociar, e parte da minha remuneração viria da rentabilidade que obtivesse. Além disso, ganhei um percentual mínimo na sociedade. Dei muita sorte, porque tive o grande ano da minha vida em 1993.

Um dos meus investimentos era uma carteira de arbitragem de títulos de dívida de países emergentes, algo que já havia feito no Salomon. Como o mercado ainda era desorganizado, essa carteira gerou retornos altos por três anos. Além disso, passei a investir em ações: tinha papéis da Telebras, Telesp e Eletrobras, por exemplo. Olhava mais para a América Latina, mas também montei algumas posições na África e no Oriente Médio. Comprei ações no Egito e em Gana, e apliquei em empréstimos ao Marrocos. Naquela época, não existia essa história de quarentena formal, mas achei que não deveria negociar títulos do Brasil, porque detinha muita informação sobre eles, por ter trabalhado no Banco Central. Esperei um ano e, depois, comecei a operar isso também. Fazia investimentos de risco bastante alto, pelos quais jamais optaria se fosse o gestor de um fundo próprio. No portfólio da gestora do Soros, porém, essas posições cabiam. O retorno da minha carteira foi muito bom: cerca de 100% logo no primeiro ano.

Alguns anos depois, em 1997, veio a crise da Ásia, em que vivi o momento mais alto e também o mais baixo da minha carreira. Naquela época, muitos países asiáticos adotavam um sistema de câmbio fixo, e acreditava-se que era um modelo perfeito. Além disso, a população local poupava bastante, então a situação macroeconômica parecia sólida. Mas, em 1997, começou a deteriorar, especialmente na Tailândia. A equipe de Soros tinha experiência em crises cambiais, que era o que estava acontecendo na Ásia.* Portanto, existia na empresa um know-how para detectar problemas e se posicionar

---

* Um dos investimentos mais conhecidos de Soros foi a aposta na desvalorização da libra esterlina, em 1992. O governo britânico tentava manter a moeda valorizada, mas

levando em conta um horizonte de, no mínimo, um ano. Posições muito curtas podem ser insustentáveis nesse tipo de situação, porque o mercado fica muito volátil.

Analisei o caso da Tailândia de perto. Fui até lá e confirmei que era um caso de fundamentos totalmente fora do lugar, porque o câmbio estava sendo mantido valorizado de forma artificial. De tempos em tempos, governos decidem defender taxas de câmbio insustentáveis, por razões essencialmente políticas. Além disso, havia um déficit em conta-corrente enorme, financiado por recursos de curto prazo, e os bancos estavam alavancados, assim como algumas financeiras. Achei que aquilo iria explodir e montei uma posição de investimento gigante. Fala-se muito em ataque especulativo. Nunca vi isso acontecer e dar certo. O que ocorre é que vários investidores passam a enxergar problemas e oportunidades parecidos, mas não existe uma coordenação do tipo "vamos lá, galera, vender essa moeda" ou algo do gênero. No caso da Tailândia, outros fundos além do nosso acharam que a moeda ia desvalorizar, apostaram nisso e ganharam dinheiro quando aconteceu.

Tão importante quanto o investimento na Tailândia foi uma decisão que tomamos na Coreia do Sul. A firma de Soros tinha um grande investimento em ações coreanas. Analisei a situação do país, também achei que estava frágil e recomendei vendê-las, o que foi feito por Stan. Nos seis meses seguintes, o principal índice da bolsa da Coreia, o Kospi, caiu cerca de 85% em dólares. Ou seja, evitamos um prejuízo enorme. Além disso, fizemos investimentos, ainda que menores, na Malásia e em Hong Kong. E deu tudo certo, foi um ano incrível.

No começo de 1998, analisei a situação da Indonésia, que era o país usado como exemplo de sucesso na região pelo Banco Mundial e o Fundo Monetário Internacional. O câmbio estava flutuando e a economia parecia arrumada. Considerei um bom cenário para investir. Em razão da experiência bem-sucedida na Ásia em geral,

---

Soros julgava que a situação era frágil. Quando a moeda desvalorizou, sua gestora ganhou cerca de 1 bilhão de dólares.

montamos uma posição grande demais, e aconteceu um evento inesperado. O ditador que comandava o país adoeceu. Empresários de origem chinesa, que tinham um volume relevante de recursos aplicados na Indonésia, sacaram rapidamente, a liquidez secou, e tivemos um prejuízo gigante. Devolvemos praticamente metade do que havia sido ganho na Tailândia. Foi horrível.

Depois desse episódio, levei meio que um cartão amarelo. Não era uma posição só minha, era do fundo, mas eu estava na linha de frente. Fiquei um pouco machucado. Uma lição que ficou é: *shit happens*. As perdas não foram relevantes a ponto de quebrar o fundo, mas custaram caro. O estresse foi maior porque uma posição que parecia líquida, de repente, deixou de ser. Essa é outra lição: a liquidez que importa não é a do dia a dia; é a que você terá num momento de extrema tensão. Quando o mercado está com baixa volatilidade, os investidores em geral correm mais riscos. Mas é justamente nesses períodos que o risco para valer, aquele que se manifesta em momento de estresse, é maior. Muitos investidores ajustam o padrão de risco pelo retrovisor, e essa é a origem de muitas perdas no mercado.

As crises no governo FHC

Naquela época, estávamos pensando em voltar para o Brasil. As crianças estavam crescendo, e achamos que era o momento de retornar. Eu já havia avisado ao pessoal da gestora que, no meio de 1999, no fim do ano letivo nos Estados Unidos, eu iria sair. Estávamos estudando as possibilidades. Eu queria montar um fundo, que eventualmente poderia ter alguma participação do Soros. Mas no final de janeiro acabei sendo chamado para presidir o Banco Central do Brasil, no meio de mais uma crise.

Para aceitar, fiz as perguntas que tinha de fazer. Já imaginava quais seriam as respostas, mas perguntei mesmo assim. Conversei com Pedro Parente e Pedro Malan. Ambos eram velhos conhecidos: eu havia sido aluno de Malan e me tornado amigo do Parente em 1991-2. Depois, conversei também com o presidente Fernando

Henrique, com quem já havia tido algum contato.* Queria saber se poderia montar minha equipe, e eles disseram que sim. Também precisava me certificar de que o ajuste fiscal era para valer, porque, sem isso, seria impossível trabalhar. Eles garantiram que sim. Avisei que pretendia criar o sistema de metas de inflação com câmbio flutuante, e eles concordaram. Por fim, pedi autorização para fiscalizar os bancos públicos. Essas instituições são grandes e complicadas, e eu queria saber como estavam operando. Também recebi sinal verde. E aceitei na hora.

Minha sabatina no Senado foi pauleira. Assisti às gravações depois de um tempo e lembrei que bocejei algumas vezes. Isso foi comentado à época como um sinal de tranquilidade, mas na verdade era tensão. Quando fico nervoso, bocejo. Também transpirei bastante. É até possível se preparar para as perguntas, mas não muito, porque alguns assuntos do Banco Central são confidenciais, e eu só poderia ter acesso a eles uma vez que assumisse o cargo. Mas eu dominava bem o lado macro. Além disso, tenho uma vida simples, e o que acumulei de capital estava no fundo da Soros, então era tranquilo explicar essa parte. Depois de umas duas horas de sabatina, as perguntas começam a se repetir, o que foi tornando tudo um pouco mais fácil. O desafio mesmo era resolver a crise brasileira.

O real havia desvalorizado, e o maior risco era a inflação voltar. Em paralelo, a situação da economia era catastrófica. Havia muito pessimismo, e a expectativa para o PIB era de uma contração de 4%. A opção que adotamos foi não ter um câmbio administrado e deixar a cotação flutuar, com um sistema de metas para a inflação. No início, os analistas e investidores estavam muito ariscos. Mas, com o tempo, viram que estávamos promovendo o ajuste fiscal e que o modelo poderia funcionar. Também optamos por aumentar bastante os juros no início, para ajudar a controlar a inflação. As taxas chegaram a 39% ao ano num primeiro momento, mas se a inflação fosse a 50%, não teriam sido suficientes. Felizmente, o programa

* Em 1999, Pedro Parente era ministro do Planejamento. Pedro Malan era ministro da Fazenda e Fernando Henrique Cardoso era o presidente.

de estabilização deu certo. Fizemos viagens pelo mundo afora para contar a nossa história e tivemos o apoio da comunidade internacional, o que também foi benéfico. Para falar a verdade, a coisa toda funcionou melhor do que esperávamos.

A introdução do tripé macroeconômico — combinação entre câmbio flutuante, metas de inflação e de superávit fiscal — teve a função de coordenar as expectativas, o que contribuiu para a queda da inflação. As metas de inflação eram 8% para 1999 e 6% para 2000. Em 1999, a inflação ficou em 9% e caiu para 6% no ano seguinte. A economia também voltou a crescer no fim do ano e, a partir de 2000, tivemos seis trimestres seguidos de expansão do PIB em torno de 4% ao ano, uma taxa bastante razoável, a partir dos ajustes e das reformas que fizemos.*

Além das medidas que foram adotadas para conter a crise e proporcionar uma perspectiva de longo prazo para o país, havia também uma agenda microeconômica extensa, que também era muito interessante. Os objetivos eram aumentar a eficiência do setor financeiro, dar segurança aos investidores para alongar prazos de aplicação, melhorar o funcionamento do mercado de capitais e elevar a produtividade da economia. Essa agenda tinha algumas âncoras. Uma das principais era uma enorme reforma do sistema de pagamentos, que era antiquado e arriscado.** Outra âncora foi um programa de redução do spread bancário (a diferença entre o quanto uma instituição financeira paga para captar recursos no mercado e os juros que cobra ao emprestá-los para indivíduos e empresas). Começamos a medir o spread de forma precisa, o que não era feito antes, e isso provocou uma reação enorme da sociedade. Sabia-se,

* Em 1999, o PIB cresceu 0,5%; em 2000, o crescimento foi de 4,4%, segundo o IBGE.

** A prioridade da reforma era melhorar o gerenciamento de riscos do sistema de pagamentos, segundo informações que constam do site do Banco Central. Entrou em funcionamento o Sistema de Transferência de Reservas (STR), em abril de 2002, que permite a liquidação de obrigações financeiras em tempo real. São participantes do STR as instituições financeiras, as câmaras de compensação e liquidação e a Secretaria do Tesouro Nacional. Mais detalhes podem ser encontrados em <www.bcb.gov.br/estabilidadefinanceira/spb>.

obviamente, que os juros dos empréstimos eram altos, mas a maioria das pessoas não entendia por quê. Quando explicitamos os motivos e ficou claro o tamanho da encrenca, a opinião pública ficou do nosso lado e pudemos avançar na agenda de reformas.

Essa agenda foi mantida pelos demais presidentes do Banco Central, e acho que ela tem outro papel importante: o de mostrar para as pessoas comuns para que serve o BC. Não é uma caixa preta cheia de engravatados fazendo discursos que ninguém entende, mas um lugar que tem profissionais trabalhando para resolver problemas que afetam a sociedade, ou pelo menos tentar.

Uma mudança que gerou muita confusão durante meu mandato foi a marcação a mercado (a obrigação de atualizar diariamente os valores dos títulos de renda fixa e das cotas dos fundos de investimento de acordo com os preços negociados no mercado). Essa obrigação existia, mas havia uma certa flexibilidade. Em 2002, ano de eleição presidencial, em que o mercado ficou bastante volátil, alguns bancos, talvez a maioria, ficavam enrolando para marcar quando havia perdas, com medo de que os concorrentes não fizessem isso. Nesse caso, o rendimento dos fundos de quem havia marcado seria pior, o que poderia provocar uma fuga de investidores.

O problema nesse tipo de contexto é que os grandes investidores costumam perceber mais rapidamente quando há mudanças importantes nos preços dos ativos, então se ajustam. Já os pequenos demoram para descobrir, ou só ficam sabendo quando não há o que fazer, e acabam pagando a conta. Diante disso, demos um prazo para os bancos acertarem a marcação, mas a maioria não respeitou. Quando o risco aumentou muito, falamos que não dava para continuar do jeito que estava e fixamos uma data para a marcação. Fomos muito criticados. Vários observadores disseram: "O Banco Central não deveria ter feito a marcação num momento de crise". E, como presidente do BC, eu não podia ir a público e dizer que a culpa havia sido dos bancos, que estavam enrolando. Olhando em retrospectiva, nosso erro foi não ter exigido a marcação quando a situação não estava tão ruim. Os bancos choraram e nós cedemos. No final, deu tudo certo, a marcação a mercado foi feita, e aumentamos a transparência do mercado. Mas, na época, a situação foi bem desagradável.

O ano de 2002, que terminou com Lula vencendo a eleição presidencial, foi um período muito tenso. Havia um medo generalizado de que o PT fosse agir da forma como sempre disse que faria se ganhasse a eleição — e esse temor não era fruto da imaginação das pessoas, era baseado nos discursos e no programa do partido. Palocci foi uma grande surpresa naquela época: a não ser que você fosse de Ribeirão Preto ou arredores, não saberia que lá havia um prefeito que entendia o funcionamento do mercado.* O medo do PT levou a uma corrida no câmbio: em 2002, o dólar chegou a 4 reais. Ajustando pela inflação, seria como se o dólar estivesse em 7 reais em 2019, ou mais. Ou seja, pânico geral.

Num determinado momento, ninguém mais queria comprar título público com prazo longo. As emissões foram ficando mais curtas. O problema é que, quanto menor o prazo, mais o país fica exposto a uma corrida especulativa — que, de fato, aconteceu. Não havia muito espaço para manobra: financiávamos o que dava, à espera de uma solução que tinha de ser política. Não adiantava tentar bolar uma fórmula nova de política cambial, porque o problema, o que estava causando todo aquele tumulto, era político. Então fomos tentar construir uma solução política, em conjunto com a equipe de Lula. Fui designado como o primeiro ponto de contato nessas reuniões bilaterais preliminares com os principais candidatos ou seus assessores. Levava tabelas e gráficos para mostrar que aquela crise não precisaria existir, dados os fundamentos do país. Lembro de dizer com todas as letras: "Vocês estão querendo ganhar, mas não vai ter a menor graça se eleger no meio de uma crise que não preci-

* Antonio Palocci foi eleito prefeito de Ribeirão Preto, no interior de São Paulo, em 1992 e no ano 2000. Licenciou-se em 2002 para se dedicar à campanha presidencial de Lula e tornou-se ministro da Fazenda em 2003. Foi responsável por manter o tripé macroeconômico do governo anterior e, por isso, ganhou a confiança do mercado financeiro e das empresas. Ocupou outros cargos em administrações petistas até ser condenado à prisão no âmbito da Operação Lava Jato.

saria existir. Nossa recomendação é que vocês todos se posicionem, deixando claro que não farão nenhuma maluquice".

Lula então divulgou sua famosa carta ao povo brasileiro, que acalmou um pouco os ânimos. Depois disso, Palocci passou a se reunir com empresários e com o mercado financeiro, para dizer que não precisavam se preocupar, e funcionou. A transição do governo Fernando Henrique para o de Lula foi feita com muito capricho. Mostramos tudo o que tínhamos, todos os problemas e as oportunidades. Quando o PT entrou, infelizmente, inventou aquela história de herança maldita. Era uma picaretagem tremenda, e levou para o palco nacional uma briga essencialmente paulista, dos petistas contra o PSDB. Acho que isso custou muito caro para o país. Se os partidos tivessem se entendido, teria sido melhor para o Brasil. Além disso, a partir do segundo mandato de Lula, o PT optou por tentar controlar tudo dentro de um modelo velho, estatista, intervencionista. Como se trata de um partido muito organizado e centralizado, turbinou com seus parceiros e com boa parte do empresariado o modelo corrupto que mais adiante veio à tona.

Empresa própria e o desejo de ajudar o Brasil

Quando saí do governo, em 2003, retomei o plano de abrir minha própria gestora. O plano era administrar um fundo multimercado, que investiria nos principais mercados — câmbio, juros e ações —, amparado por análises de boa qualidade e que cobriria tanto o mercado brasileiro como o internacional. Os três fundadores — eu, meu primo Luiz Fraga e Luiz Fernando Figueiredo, que havia sido diretor do Banco Central na minha gestão — tinham experiências diferentes e complementares, o que foi ótimo. Luiz Fernando havia sido gestor da tesouraria do banco BBA antes de ir para o BC, e Luiz Fraga conhecia bem a Bolsa.

Depois de dois anos, nos separamos de Luiz Fernando, principalmente por questões geográficas: ele queria morar em São Paulo, nós ficávamos no Rio, e é difícil tocar fundos no nosso estilo estando em lugares diferentes. Luiz tinha condições e o desejo de fazer e fez: montou a gestora Mauá.

Passado mais um ano, quando estava claro que o PT realmente não faria nenhuma maluquice e havia uma expectativa bastante positiva em relação ao Brasil, começamos a enxergar outras oportunidades. A mais óbvia era investir em ativos menos líquidos, que exigiriam um horizonte de tempo mais longo. Falamos sobre isso com alguns dos nossos investidores, que gostaram da ideia, e montamos uma área de private equity, liderada por Luiz Fraga. Fazíamos investimentos privados minoritários, uma novidade na época. Fomos criticados, porque acreditava-se que, no Brasil, não dava para ser minoritário, que esse era o sócio que se dava mal. Mas nós achávamos que as coisas estavam mudando, que o país vivia um processo de melhora na cultura e na prática da boa governança corporativa. Acreditávamos também que era positivo o fato de um empresário querer vender uma parcela de seu negócio para tentar crescer mais do que conseguiria se estivesse sozinho — isso, na nossa visão, era melhor do que um empresário com o desejo de vender o controle e se desfazer de sua companhia. Acabamos lançando cinco fundos e investimos em torno de 5 bilhões de dólares em cerca de cinquenta empresas. Esse é um trabalho que eu adoro. Permite conhecer muita gente e, a cada investimento que fazemos, acumulamos conhecimento para a operação seguinte. O nosso estilo é mais conservador, não trabalhamos com o objetivo de alavancar empresas. A estratégia clássica é pegar boas empresas, que talvez precisem de uma arrumada e que com certeza necessitam de capital para gerar retorno sobre um capital maior.

Mais adiante, começamos a pensar no futuro da casa, em como a gestora teria continuidade. O banco JP Morgan fez uma boa proposta para comprar a gestora, e aceitamos: em 2010, vendemos 55% da empresa. Os principais sócios da Gávea foram para o conselho, e a parceria funcionou muito bem por anos, porque tudo o que foi combinado foi cumprido, tanto por eles como por nós. O problema foi que, num determinado momento, percebemos que não queríamos ficar no conselho, que nossa vontade mesmo era de continuar na linha de frente, pondo a mão na massa. Decidimos então recomprar a empresa. A negociação foi bastante amistosa, e acredito que os termos tenham sido justos. Mas, claro, foi feita em 2015, um ano muito pior para o Brasil do que 2010. Foi uma decisão boa para os objetivos de cada um. O JP acabou levando para trabalhar no banco José Berenguer, que estava conosco e assumiu a presidência da instituição no Brasil. Estamos contentes com a nossa vida, que é uma rotina de fazer investimentos, e não de administrar um conglomerado.

Um sonho que tenho, sem prazo de validade, é o de tentar ajudar a melhorar o Brasil. Mas, durante a eleição presidencial de 2014, em que me envolvi na campanha de Aécio Neves, aprendi que não posso me desdobrar demais e tentar fazer tudo ao mesmo tempo. A intenção era boa, mas acabei me dedicando menos do que deveria à Gávea. Se eu me envolver de novo em algo assim, que demanda muito tempo e dedicação, terei de mudar minha vida profissional. Isso não significa que eu vá necessariamente participar de outra eleição. O que tenho é disponibilidade de espírito para ao menos tentar colaborar de alguma forma. Em especial nos momentos de grande dificuldade e sofrimento, tenho vontade de contribuir. Procuro me manter bastante engajado.

OS PRINCIPAIS CONSELHOS DE ARMINIO FRAGA

Sobre investimentos e carreira

1 **Procure sua vocação**
Quem faz o que gosta faz melhor. É possível combinar uma carreira acadêmica com trabalhos no setor privado e no serviço público — se fizer sentido para você.

2 **Saiba que o inesperado acontece**
Investimentos podem dar errado por uma série de fatores. O importante é acertar no tamanho do risco, limitar as perdas e aprender as lições.

3 **Adéque os riscos ao seu horizonte de investimento**
Ter que se desfazer de uma aplicação fora de hora ou rápido demais pode ser catastrófico. Cabe sempre avaliar a liquidez dos investimentos em diferentes cenários. "A liquidez que importa não é a do dia a dia; é a que você terá num momento de extrema tensão", ensina a experiência de Fraga.

4 **Busque informações direto na fonte**
Isso faz diferença na hora de avaliar a situação macroeconômica de países e também ao aplicar em empresas. É melhor ver por você mesmo o que está acontecendo.

SUGESTÕES DE LEITURA

Desafio aos deuses: A fascinante história do risco
Peter L. Bernstein
"O livro é um clássico sobre risco e sua história."

Manias, pânicos e crises: A história das catástrofes econômicas mundiais
Charles P. Kindleberger e Robert Z. Aliber
"A bíblia das crises financeiras, escrita por um grande historiador econômico."

Fortune's Formula
William Poundstone
"Um texto sobre investimentos a partir da obra de um grande matemático e gestor pioneiro de hedge funds."

Os donos do dinheiro: Os banqueiros que quebraram o mundo
Liaquat Ahamed
"O livro trata da atuação dos bancos centrais e suas decisões no caminho para a Grande Depressão."

CAPÍTULO 3

Arthur Mizne

Fundador e presidente da gestora M Square

Ao longo da carreira, Mizne se especializou em criar um método para analisar fundos de investimento e escolher bons produtos para aplicar os recursos de seus clientes. Fez isso inicialmente na gestora Synthesis, de Nova York, que administrava parte do patrimônio de Jorge Paulo Lemann, Marcel Telles e Beto Sicupira. Em 2005, voltou ao Brasil e fundou a M Square, que segue os mesmos preceitos e tem cerca de 1 bilhão de dólares sob gestão. Em vinte anos, o retorno anual de sua estratégia é de 8,5%, em dólares, após taxas. No início da carreira, pouco depois de concluir um MBA na Universidade Yale, trabalhou em consultoria. Aos 47 anos, é casado, tem três filhos e vive em Londres desde 2017.

Das consultorias ao mercado financeiro

Eu me formei em administração pública na Fundação Getulio Vargas em São Paulo. Escolhi esse curso porque era gratuito, e o de administração de empresas não. Eu gostava do curso, mas várias matérias do currículo me desagradavam, então optei por começar a trabalhar cedo, já no segundo semestre da faculdade. Fiz estágio no Citibank e numa consultoria de professores da FGV. No terceiro ano, tive a ideia de montar uma empresa de venda de ingressos por telefone. Estávamos em 1991, quando ainda não havia internet, e esse tipo de venda fazia sucesso nos Estados Unidos e na Europa, mas não existia no Brasil. Como eu trabalhava numa consultoria, tinha aprendido a analisar business plans, o que me capacitou a montar um para meu negócio. Achei de verdade que ia dar certo. Comprei um software de administração de bilheteria, mas ainda faltava cuidar de toda a negociação com as casas de espetáculos e os produtores. Era preciso persuadi-los a vender comigo, porque o modelo era novo. A empresa funcionou e deu um pequeno lucro, mas, depois de um ano, vi que começar um negócio sem nenhuma experiência e sem poder ter dedicação integral (ainda estava cursando a FGV) não é a melhor decisão. Ficou claro que não ia se tornar algo grande.

Além disso, eu tinha decidido que, assim que me formasse, iria fazer MBA nos Estados Unidos. Então acabei dando a empresa para os funcionários que trabalhavam comigo e fui estudar na Universidade Yale. Gostei bastante, e meu *summer job* (trabalho durante as férias de verão) foi em consultoria, na Booz Allen. Acabei decidindo seguir carreira nisso. Quando me formei e voltei para o Brasil, em 1995, fui trabalhar lá *full time*.

Mas, apesar de adorar o emprego, não gostei do que vislumbrei para o meu futuro na companhia. O grande objetivo dos funcionários era se tornarem sócios e, embora eu admirasse muito os sócios da época, que eram bastante inteligentes e competentes, não queria que minha vida fosse como a deles, que sequer eram donos da própria agenda: os clientes ditavam a rotina, e havia viagens sem parar. Todos reclamavam que mal viam os filhos. Eu não tinha filhos, mas imaginava que, se tivesse, iria querer ficar com eles. Também me incomodava o fato de a remuneração ser apenas por hora. Se o consultor resolvesse um problema gigante de uma empresa, não recebia uma participação do que havia economizado, por exemplo. Achava um desperdício do talento dos sócios. Além disso, a receita para faturar mais era acrescentar consultores aos projetos, porque isso aumentava o número de horas cobradas. Ou seja, o incentivo estava torto. Quando ficou claro que se tudo desse certo eu chegaria a um cargo que não queria, resolvi mudar.

Eu era amigo de Paulo Lemann, filho de Jorge Paulo Lemann, e ele havia decidido se mudar para Nova York para ajudar o pai e seus sócios, Marcel Telles e Beto Sicupira, a montar um *investment office*.* Isso aconteceu em 1997, sete anos antes de eles decidirem criar o 3G.** Nessa época, os três ainda eram sócios do banco Garantia e tinham recursos próprios que queriam investir globalmente, por isso a ideia de se estabelecer no exterior.*** Paulo me convidou para trabalhar lá. Eu disse: "Topo, só tem um problema: nunca trabalhei com investimentos na vida". A resposta que recebi foi que isso não era a coisa mais importante. Na consultoria, eu tinha aprendido a fazer as perguntas certas e ir até o fim atrás das respostas, e Paulo disse que isso me ajudaria.

Nós dois achávamos que tínhamos de nos especializar em alguma coisa, mas como fazer isso quando a missão era olhar o mundo todo para decidir onde investir? Resolvemos então nos especializar em encontrar os melhores investidores do mundo para cada classe de ativos — renda fixa, ações etc. Foi assim que comecei a investir e

* Estrutura financeira montada para administrar o patrimônio de famílias ou grupos de sócios.

** 3G Capital é a empresa de investimentos de Jorge Paulo Lemann, Marcel Telles e Beto Sicupira. É dona da rede de lanchonetes Burger King e da empresa de alimentos Kraft Heinz (esta última em sociedade com a Berkshire Hathaway, empresa de investimentos de Warren Buffett).

*** A gestora se chamava Synthesis Asset Management, e deixou de existir quando o veículo de investimentos do trio passou a ser o 3G.

entendi que é melhor pagar um gestor para administrar seus recursos do que fazer isso sozinho — desde que você encontre um profissional excepcional, claro. A partir daí, o desafio passou a ser como selecionar os melhores fundos do mundo para investir.

No primeiro ano, visitamos, sem exagero, cerca de duzentos gestores. Íamos até eles, não esperávamos que nos procurassem. Se o gestor é muito talentoso, tem facilidade para captar recursos, então dificilmente vai bater na sua porta. Como queríamos investir com esses profissionais, adotamos uma postura ativa. Os melhores gestores não necessariamente são os mais conhecidos. Quem gasta com propaganda ou com equipe de vendas acaba ganhando fama — mas não é isso que determina se o profissional é bom ou ruim.

Fiquei nos Estados Unidos por oito anos, de 1997 a 2005, sempre no trabalho de selecionar os melhores gestores de fundos nas mais diferentes estratégias. Em 2005, decidi voltar ao Brasil para fundar minha própria gestora, a M Square, cuja filosofia também é investir escolhendo os melhores gestores do mercado global. Ao longo desses 22 anos, desenvolvi uma metodologia para fazer isso, que tem sido bem-sucedida. Nesse período, o retorno da estratégia foi de 8,5% ao ano em dólares, já líquido de taxas.

Obsessão, foco, alinhamento de interesses: o que faz um bom gestor

O passo inicial dessa metodologia é evitar escolher fundos com base no desempenho que tiveram. Não faz sentido olhar um ranking de rendimentos, ver os fundos que foram bem e colocar dinheiro ali, porque o que importa é o que eles ainda vão entregar. Começamos a identificar os bons gestores por meio de conversas com profissionais do mercado, networking e leitura. Entramos em contato com quem consideramos interessante, marcamos um encontro e fazemos diversas perguntas para tentar conhecer de fato aquele gestor: entender sua filosofia de investimento, como ele reage em diferentes situações de mercado, como lidera a equipe. Isso é muito mais importante do que a performance e a volatilidade — o resultado, na verdade, é consequência do perfil da pessoa.

Um gestor precisa ter uma definição clara de sua estratégia de investimento: idealmente, deve ser capaz de explicar em uma frase o que faz. Outra característica relevante, e descobri isso com o tempo, é a obsessão. Existem muitos gestores obcecados que não são bons, mas não conheço nenhum gestor bom que não seja obcecado. Quem tem muitos interesses fora do mundo dos investimentos — participa de regatas, pula de paraquedas, corre de carro, coleciona casas ou barcos — em geral não tem muito tempo para se dedicar ao trabalho e acaba superado pela concorrência. O gestor também precisa de foco ao investir. Se toca sete fundos, dificilmente será o melhor nos sete, e eu não vou saber a qual produto está se dedicando mais. Além disso, o processo de investimento tem de ser replicável. Caso contrário, fica muito dependente da sorte.

Um fator mais subjetivo, porém igualmente importante, é a imagem do gestor entre os concorrentes. Ao contrário de outros segmentos da economia, no setor de fundos é fácil encontrar profissionais que falam bem dos competidores quando acham que são bons. Portanto, vale a pena perguntar para saber se o gestor em questão é reconhecido pelos pares como alguém diferenciado. Além disso, precisa ser admirado também por quem trabalha com ele e por quem investe com ele. Por isso, conversamos com funcionários, ex-funcionários, ex-sócios, clientes, ex-clientes. Tudo isso faz parte do processo para identificar os talentos.

Esses itens — definição clara da estratégia, processo de investimento replicável, foco, obsessão e reconhecimento — se tornaram o ponto de partida para selecionar bons gestores. Outro ponto, que é pouco valorizado no mercado em geral, mas ao qual damos um peso relevante, é o alinhamento de interesses. Trata-se de um conceito amplo, que começa com uma análise de quanto do patrimônio do gestor está investido no fundo que ele toca. Em tese, não é errado um gestor não ter dinheiro do seu bolso investido no seu fundo, mas, para mim, isso é um problema. No mínimo, significa que os interesses não estão alinhados.

Quanto do patrimônio do gestor deveria estar investido no fundo que ele administra é algo variável. Se o fundo tiver uma estratégia comum, o gestor deve ter mais da metade dos recursos aplicada ali. Se o gestor tiver muito dinheiro, deveria investir quase tudo o que possui. Se tiver pouco e precisar de capital para viver, pode ser um pouco menos — não queremos que ele perca a cabeça e faça besteira. Caso seja um fundo alternativo, ilíquido, poderia ser um pouco menos também. Em resumo, deve ser uma parcela que faça diferença para o gestor.

Além disso, analisamos se temos alinhamento de objetivos com o gestor. Não há nada de errado em distribuir seu fundo em dez plataformas diferentes de investimento. Mas o gestor que faz isso claramente quer crescer. Eu, como investidor, quero performance. Busco gestores que também queiram que seus fundos tenham o melhor desempenho, que o coração e a mente deles estejam nisso. Quando receber a taxa de administração se torna algo bastante relevante para o gestor, ele em geral deixa de ter resultados muito bons.* Isso porque ele não quer mais surpresas, seu objetivo passa a ser manter tudo como está. Se fizer um investimento com grande potencial de ganho e der errado, pode perder cotistas, o que reduz a taxa de administração que recebe. O mesmo pode acontecer caso se desvie muito do consenso de mercado.

Uma vez que selecionamos bons gestores, passamos a monitorá-los e a analisar quando deveríamos resgatar o dinheiro investido. Queremos ficar vinte anos com o dinheiro lá, porque assim teríamos menos trabalho para selecionar novos gestores, mas precisamos de indicadores que ajudem a prever a performance futura dos fundos. Uma questão até certo ponto óbvia, mas que merece atenção, são as mudanças: de gestor, de estratégia, de característica do produto. Primeiro, é preciso entender se a transformação vai ser para melhor

* Taxa de administração é quanto o investidor paga para o gestor do fundo como remuneração pelo trabalho. Em fundos multimercado, fica em torno de 2% ao ano. Alguns fundos cobram também taxa de performance, que é paga quando o rendimento supera um patamar preestabelecido.

ou pior. Se o gestor titular saiu e entrou o número dois — e eu fiz toda a análise com base no titular —, tendo a achar que vai ser para pior. Pode ser que não aconteça, mas é necessário refletir a respeito, fazer as perguntas certas e começar uma nova análise sobre o fundo levando em conta essa alteração.

Também monitoramos o tamanho do fundo: se crescer demais, é bem possível que a performance será pior. Um fundo que começa com 100 milhões de dólares de patrimônio dificilmente consegue manter sua estratégia — e seu patamar de retorno — caso chegue aos 10 bilhões de dólares. É complicado saber qual é o limite, mas ficamos atentos a esse tipo de mudança. Os fundos são como organismos vivos, porque são comandados por pessoas. Muitas vezes, o gestor abre o fundo sem ter muito patrimônio pessoal, torna-se bem-sucedido com o tempo e fica muito rico. Isso mexe com a cabeça de muitas pessoas e pode mudar seus objetivos. Alguns podem começar a achar importante ter um estilo de vida glamouroso, dando menos atenção ao fundo. Não necessariamente vai acontecer, mas é um risco, e precisa ser monitorado.

Alguns gestores, num dado momento, decidem transformar suas gestoras em empresas, com o objetivo de criar um ativo que possa ser vendido. Um fundo, administrado por uma equipe dedicada, chefiada por um profissional sênior, pode ser extremamente lucrativo, porém tem pouco valor como negócio. O gestor ganha enquanto estiver trabalhando. É como um dentista: se deixar de atender os pacientes, para de receber. Mas se o gestor montar uma empresa com dez fundos, mesa de captação, time de executivos etc., pode encontrar compradores. Se um dos objetivos passar a ser esse, o desempenho dos fundos tende a piorar, porque o foco do gestor não estará mais em gerar retorno, e sim em estruturar uma companhia.

É importante ressaltar que um fundo pode mudar sem piorar. Ao longo de vinte anos, é difícil que tudo continue igual. Aliás, é bom que o gestor evolua. Mas os pontos-chave que descrevi acima precisam se manter.

Com e sem sócios

Resolvi montar a M Square porque, depois de oito anos em Nova York — que foram ótimos —, passei a querer ter um negócio meu. E estava disposto a começar do zero e passar pela experiência de captar recursos por minha conta. Só não queria fazer isso sozinho, então me associei à gestora Hedging-Griffo, que na época era comandada por Luis Stuhlberger, com quem eu tinha um ótimo relacionamento, e que tinha como um dos principais sócios comerciais Pino de Segni, um grande amigo. Montei o escritório da M Square dentro da Griffo. Em 2005, a Griffo só investia no Brasil, e a M Square iria aplicar apenas fora do país, então podíamos trocar experiências e informações.

Decidi que a sede da gestora seria no Brasil, basicamente porque minha esposa queria voltar e eu queria continuar casado. Acabou sendo uma ideia genial, porque foi uma época ótima para montar uma gestora aqui, já que o país estava crescendo e os Estados Unidos entraram em crise, depois do colapso financeiro de 2008.

Acho que a Griffo poderia ter sido sócia da M Square por muito tempo, mas, depois de um ano, eles foram vendidos para o banco Credit Suisse. Havia uma cláusula no nosso contrato que, se houvesse uma mudança de controle, eu poderia recomprar a participação da gestora, para que não tivesse um sócio que não havia escolhido. Foi uma conversa tranquila, e assim a M Square se tornou independente.

Após a recompra, deixamos de ter uma restrição que estava em contrato, que era a proibição de investir no Brasil. Em 2007, trouxe para trabalhar comigo Mauricio Bittencourt, que se tornou sócio da M Square e ficou responsável pelo fundo de ações brasileiras.* Eu ficava responsável pela gestão no exterior, e Mauricio, pelo portfólio local.

Um desafio, no início da M Square, era convencer os brasileiros de que valia a pena ter recursos fora do país. Os norte-americanos e europeus já tinham essa cultura havia muito tempo, mas aqui 100%

---

* Mauricio Bittencourt é um dos entrevistados deste livro. Sua história começa na página 173.

do patrimônio da grande maioria dos investidores era aplicado localmente. Muitos só investiam no exterior se achavam que o dólar ia subir, em busca de ganhos pontuais. Mas a lógica não deve ser essa, e sim a da diversificação. Ao longo do tempo, o retorno de um portfólio é mais consistente se ele for diversificado geograficamente. Hoje, depois das crises e dos altos e baixos, mais investidores estão se conscientizando disso. Ainda bem.

Esse modelo inicial da M Square, de ter um fundo de ações comandado por Mauricio e a parte global tocada por mim, funcionou muito bem por dez anos. Mas, como acredito muito no que faço, e Mauricio também, acabamos criando duas gestoras dentro de uma mesma empresa. Dois times, duas estratégias, dois focos. Já que era tudo separado na prática, achamos que seria mais natural se criássemos duas empresas de fato. A divisão foi feita em 2016, quando fizemos uma cisão e criamos a M Square Brasil.*

Quando eu morava em Nova York, cerca de 80% do dinheiro do fundo estava investido em carteiras da região. Hoje, a M Square aplica em fundos de quinze cidades diferentes — entre elas Estocolmo, Pequim, Berlim, Boston, Londres, Chicago, Denver e também Nova York. Os talentos estão espalhados pelo mundo, e por estar sediado no Brasil acho que me tornei mais aberto para procurá-los em diferentes lugares.

Em relação ao perfil dos clientes da M Square, decidi que quero ter poucos e relevantes. Temos um sócio comercial, mas não temos uma mesa de captação, porque o objetivo não é ficar captando em série. Acredito que, no meu modelo de gestora, é importante conhecer os investidores a fundo, conversar com eles e explicar a estratégia. Assim, temos grupos de famílias que são clientes e, se gostam do trabalho, indicam outras. Atualmente, o mínimo para investir em portfólios exclusivos é 25 milhões de dólares.

Desde 2017, eu e minha família moramos em Londres, mas toda a equipe da M Square, formada por dezoito pessoas, fica em São Pau-

---

* Em 2018, a M Square Brasil se tornou a VELT Partners.

lo. As decisões são tomadas no Brasil — eu é que me adapto para acompanhar a rotina de trabalho dos demais. A vantagem de estar em uma grande capital europeia é poder respirar novas oportunidades de forma mais próxima.

Os erros que deixaram lições

Gosto de lembrar, e de citar, os erros que considero úteis, que me ajudam a evitar novos problemas no futuro. Logo no primeiro ano nos Estados Unidos, tínhamos um investimento no Long-Term Capital Management, um fundo com nomes estrelados do mundo dos investimentos, mas de altíssimo risco. O fundo era muito alavancado* e quebrou enquanto tínhamos dinheiro lá.** Aprendi que é melhor evitar esse tipo de perfil. Todo mundo erra, mas, se o fundo é alavancado, ele não sobrevive a oscilações de mercado, mesmo que a estratégia do gestor se mostre correta no final.

A lição que fica é a de que é melhor investir em fundos com estratégias resilientes. O desempenho de uma carteira pode ser influenciado por fatores que nada têm a ver com a gestão — Trump fala uma besteira, a Turquia desvaloriza a moeda etc. Mas as perdas que esse tipo de coisa eventualmente provoca não podem acabar com a estratégia. Se o fundo tem cem dólares de patrimônio e não é alavancado, pode até ter per-

---

* Um fundo alavancado faz investimentos maiores que seu patrimônio. Isso é possível por meio de aplicações no mercado futuro. Ou seja, se a estratégia der errado, o fundo pode perder mais do que tem e ficar devendo.

** A quebra do Long-Term Capital Management (LTCM), no fim dos anos 1990, foi emblemática por várias razões. O fundo foi lançado em 1994 por John Meriwether, que havia sido um dos principais executivos do banco Salomon Brothers. Entre seus sócios estavam Myron Scholes e Robert Merton, que haviam ganhado o prêmio Nobel de economia por criar um modelo financeiro para determinar o valor de derivativos (instrumentos financeiros que podem ser comprados e vendidos por investidores interessados em fixar o preço de ativos). Com base nesse modelo, o fundo fazia operações de altíssimo risco no mercado de derivativos e também em outros mercados. Depois de um início bem-sucedido, com rendimentos bastante superiores aos dos concorrentes, o fundo passou a ter prejuízos bilionários em meio às crises da Ásia e da Rússia. Considerado grande demais para quebrar, foi resgatado por um consórcio de bancos e liquidado em seguida.

das, mas se os investimentos forem sólidos — e o horizonte, longo —, as chances de recuperação são muito grandes. No entanto, se está alavancado — ou seja, se faz investimentos num valor superior ao do patrimônio —, poderá ser forçado a se desfazer de investimentos no pior momento e quebrar. Resolvi que não quero passar por isso.

Também aprendi a procurar fundos cujo gestor compre os ativos (ações, títulos etc.) que realmente queremos ter, e não aqueles que vão gerar o rendimento desejado. É claro que é bom ter retorno, mas é melhor fazer isso investindo naquilo que foi analisado e comprado por ser considerado interessante. Além disso, evito os fundos "caixa-preta", aqueles cujo gestor não abre a estratégia. Quando o fundo começa a ir mal, o que faço? Se não sei no que ele investe, não consigo entender o problema, nem decidir o que fazer. Preciso ter acesso à equipe de gestão.

OS PRINCIPAIS CONSELHOS DE ARTHUR MIZNE

Sobre como selecionar fundos para investir

1 **Não olhe apenas o rendimento passado**
O desempenho é consequência do perfil do gestor: é preciso entender sua estratégia e analisar como ele reage em diferentes situações.

2 **Procure gestores obcecados pelo que fazem**
"Existem muitos gestores obcecados que não são bons, mas não conheço nenhum gestor bom que não seja obcecado", avisa Mizne. Evite gestores que tenham uma rotina atribulada fora do trabalho (palestras, hobbies etc.).

3 **Busque gestores com foco**
Profissionais que tocam vários fundos com estratégias diferentes dificilmente conseguem se dedicar de fato a todos eles, e isso pode prejudicar o desempenho.

4 **Invista em fundos com estratégias resilientes**
Evite fundos que correm riscos altíssimos, porque erros — e todo

gestor erra — e mudanças de cenários que nada têm a ver com a estratégia de investimento podem provocar perdas grandes demais.

5 **Dê importância ao alinhamento de interesses**
Prefira gestores que invistam uma parte de seu patrimônio nos fundos que comandam — e cujo objetivo seja realmente entregar retornos superiores, e não aumentar o patrimônio do fundo ou preparar sua empresa para ser vendida, por exemplo.

6 **Monitore o fundo para saber quando resgatar**
É difícil que uma gestora continue exatamente igual por anos. Mudanças acontecem, mas é preciso analisar seus possíveis impactos sobre o desempenho do fundo. Uma troca de equipe, por exemplo, pode ser ruim.

SUGESTÕES DE LEITURA

O poder das conexões: A importância do networking e como ele molda nossas vidas

Nicholas Christakis e James Fowler

"Nesta época de grande presença de redes como Facebook e Instagram, o professor Christakis descreve o resultado de anos de pesquisas sobre networks reais, entre pessoas, no decorrer de suas vidas. O livro mostra que estudar esses relacionamentos ajuda a entender o que as pessoas são — e o que não são. Trata-se de uma maneira científica e muito mais profunda de provar a frase: 'Diga com quem andas que direi quem és'. Esse é um aspecto que não pode ser subestimado no trabalho de seleção de gestores."

Four Seasons: The Story of a Business Philosophy

Isadore Sharp

"O fundador da rede de hotéis Four Seasons explica como criou a maior e melhor rede de hotéis de luxo do mundo baseado em uma visão claríssima do que é um hotel de luxo para ele. Essa visão foi acompanhada de uma obsessão quase doentia pela execução de uma estratégia focada em alguns objetivos principais: conquistar hóspedes (que pagam mais para ficar nesses hotéis), proprietários de imóveis (que alugam seus imóveis por menos para o Four Seasons do que para outros hotéis) e compradores de apartamentos (que pagam mais para viver nos Four Seasons Residences). Foco, obsessão e paixão são características fundamentais na escolha de um gestor de recursos."

Bad Blood: Fraude bilionária no Vale do Silício

John Carreyrou

"O jornalista do *Wall Street Journal* John Carreyrou passou anos investigando uma das empresas mais 'quentes' do Vale do Silício, a Theranos. A companhia alegava ter criado uma tecnologia inovadora e disruptiva de exames de sangue e mostrava como evidências de seu sucesso o calibre e a 'sofisticação' de seus principais investidores financeiros e membros de seu conselho de administração. O trabalho de Carreyrou acabou desmascarando a empresa como uma fraude, com seus fundadores processados criminalmente e com os investidores renomados perdendo todo o seu investimento. Assim como na seleção de gestores, fazer o trabalho por conta própria (*a proprietary due diligence*) é a única forma de saber no que se está investindo. Imitar o que outros fazem sem ter conhecimento próprio frequentemente pode ter um desfecho ruim."

CAPÍTULO 4

Guilherme Benchimol

Fundador e CEO da XP Inc.

Depois de ser demitido de uma corretora carioca — e com medo de ser dispensado do novo emprego —, Benchimol decidiu montar seu próprio negócio. Com um sócio e um capital inicial de cerca de 15 mil reais, suficiente para alugar uma salinha e comprar computadores usados de uma lan house, a XP foi criada em maio de 2001. A empresa testou diferentes modelos e passou por um primeiro ano de dificuldades, até que encontrou o caminho da educação: um curso que ensinava as pessoas a investir em ações fez o negócio sair do vermelho. Em 2007, a XP comprou uma corretora de valores e, logo depois da crise de 2008, tornou-se uma plataforma independente de investimentos que permite aos clientes aplicar em diferentes produtos financeiros, como ações, fundos e títulos de renda fixa. A XP passou a crescer de forma exponencial desde então, com recursos próprios e de investidores. Em 2017, o banco Itaú comprou 49,9% da companhia, numa operação que avaliou a XP em 12 bilhões de reais. Em dezembro de 2019, a empresa abriu capital na bolsa americana Nasdaq, quando foi avaliada em cerca de 15 bilhões de dólares. De acordo com números do primeiro trimestre de 2019, tinha 1,5 milhão de clientes e 350 bilhões de reais sob custódia em suas três marcas principais: XP, Rico Investimentos e Clear Corretora. Benchimol tem 42 anos, é casado e pai de três filhas.

A empresa "XPTO" virou XP

Venho de uma família de médicos, mas resolvi que estudaria economia. Entrei na Universidade Federal do Rio de Janeiro e, logo no início do curso, assisti a uma palestra de Luiz Cezar Fernandes, fundador do banco Pactual. O que ele disse sobre o estilo de trabalho e a cultura da meritocracia chamou minha atenção, e decidi que trabalharia no mercado financeiro. Fui o primeiro da minha família a ir para essa área. Comecei a estagiar na corretora Sênior, que não existe mais e acabou virando a Ágora Corretora — posteriormente comprada pelo Bradesco. Fiquei dois anos lá e mais dois na corretora Icatu. Quando me formei, aos 22 anos, fui para a corretora Investshop, que era o portal de investimentos do banco Bozano, Simonsen.* Eu fazia parte da área responsável por vender plataformas de *home broker* a outras corretoras. Estávamos em 1999, auge da bolha da internet, e a Investshop estava investindo bastante em serviços on-line. Dois anos depois, porém, quando a euforia ponto.com havia passado, minha área foi cortada, e eu, demitido. Pensei: "Minha vida acabou". Para mim, foi uma tragédia, um símbolo de fracasso.

Antes de ser demitido, eu havia vendido uma das tais plataformas para uma corretora gaúcha, que me convidou para trabalhar em Porto Alegre e ajudar a tocar o projeto do *home broker*. Tinha 24 anos, era solteiro, resolvi ir. Coloquei o que tinha — roupas, bicicleta, televisão — no meu carro e fui para Porto Alegre com minha mãe, que decidiu me acompanhar. Eu só queria chegar logo e começar a trabalhar. Mas, depois de alguns meses, vi que não ia me adaptar por lá. Achei que seria demitido outra vez, e não queria passar por isso de novo, então resolvi sair e montar meu próprio negócio. Tinha conhecido Marcelo Maisonnave, que era jovem como eu, e propus a ele que criássemos uma empresa de agentes autônomos para trabalhar em parceria com a própria Investshop.** Um agente autônomo atua

* A Investshop foi comprada pelo Unibanco, e o banco Bozano, Simonsen, pelo Santander.

** Marcelo Maisonnave ficou na XP até 2014.

como um corretor de seguros, só que, em vez de vender apólices, distribui produtos financeiros.

Marcelo topou, e montamos um business plan, aquele clássico de fim de semana. Como no papel qualquer conta fecha, ficamos animados com as perspectivas. Eu tinha uma economia de uns 10 mil reais, meu sócio tinha cerca de 5 mil. Gastamos metade disso para alugar uma salinha de 25 metros quadrados e comprar computadores usados numa lan house que estava fechando, em frente à minha casa, em Porto Alegre. Assim começou a XP Investimentos, em maio de 2001. O nome surgiu por falta de criatividade mesmo: Marcelo e eu dizíamos que íamos montar uma empresa e demos um nome genérico qualquer a ela, XPTO. Aí encurtamos e ficou XP.

No início, atendíamos alguns amigos que colocavam dinheiro na Investshop usando a XP como intermediário, mas não conseguíamos avançar muito mais. Olhando para trás, é fácil entender por quê: éramos dois jovens inexperientes tentando convencer as pessoas a investir em ações usando uma empresa chamada XP como intermediário. Se ainda hoje os brasileiros têm medo de investir fora dos grandes bancos, imagine em 2001. Para completar, os juros estavam ao redor de 20% ao ano, então havia pouco incentivo para sair da renda fixa. Era a combinação perfeita para dar errado.

E era o que estava acontecendo. Em meados de 2002, nosso dinheiro estava acabando, e tive de vender meu carro para ajudar a pagar as contas. Fazíamos muitas visitas para tentar captar clientes e, sem o carro e com o dinheiro contado, usávamos táxi raramente: íamos de ônibus e até a pé para economizar. Era muito trabalho para pouco resultado: a cada dez visitas que fazíamos, conseguíamos uma conta, de 5 mil a 10 mil reais. Precisávamos de um modelo que fosse escalável, e surgiu a ideia de fazer palestras.

Palestra talvez não seja o nome mais adequado, porque era um negócio supersimples. Reuníamos pequenos grupos de pessoas, comprávamos pão de queijo e suco de laranja na padaria e explicávamos o funcionamento da Bolsa, as vantagens, os riscos etc. Mas descobrimos que isso dava mais retorno que as visitas. De cada cinco pessoas que assistiam, duas abriam conta.

Passamos a fazer palestras todas as noites e achamos que o caminho era a educação. Hoje parece óbvio, mas na época foi uma descoberta: era mais fácil convencer as pessoas a aprender com a gente do que a investir por meio da XP. Como havia interessados, queríamos crescer, fazer mais cursos, com mais alunos, só que ainda estávamos sem dinheiro. Não queria pedir emprestado para o meu pai, porque ele achava que o melhor para mim teria sido seguir carreira em grandes empresas, e eu não quis. Sentia que recorrer a ele era como dar o braço a torcer, e não estava nem um pouco a fim de fazer isso. Resolvi então falar com o Julio Cápua, meu grande amigo.* Contei do sonho grande, ele comprou a ideia e emprestou 5 mil reais.

Com isso, conseguimos montar um curso. Nós mesmos fizemos as apostilas e imprimimos na impressora do escritório — aquele equipamento era nosso ativo mais valioso. Colocamos um anúncio no jornal *Zero Hora*, "Aprenda a investir na Bolsa de Valores", e resolvemos cobrar trezentos reais por aluno. O curso era no sábado e domingo, das 9h às 17h, num salão que ficava no térreo do prédio onde funcionava o escritório. Quando apareceram trinta alunos, pensamos: "Estamos ricos". Ganhar aqueles 9 mil reais foi a glória. Começamos a imaginar que montaríamos uma faculdade no futuro. É interessante lembrar disso: a visão nunca foi virar o que a gente virou.

Nesse processo, descobrimos que muitas pessoas queriam aprender a investir em ações, mas não tinham informação de qualidade. Só quem tinha muito dinheiro era bem conectado, acabava tendo acesso a tudo isso, e achamos que aquele era um caminho para explorar. Essa filosofia acabou permeando toda a história da XP.

Mas, claro, ninguém passa sábado e domingo fazendo um curso sobre Bolsa se não tiver a intenção de investir em ações, então muitos alunos abriram contas. Depois dessa experiência positiva, montamos uma agenda de cursos aos sábados e domingos e também durante a semana. Com os cursos, a situação financeira da empresa

* Julio Cápua foi diretor financeiro da XP até o início de 2019, quando deixou o cargo e continuou como acionista e membro do conselho de administração.

começou a melhorar, mas levou um tempo para ficar boa de verdade. Não ajudou em nada o fato de que, em 2002, a Bolsa caiu 40% e o dólar disparou. Era época de eleição e os investidores estavam com medo de como seria o novo governo.

Naquele ano, a equipe da XP contava com quatro pessoas: dois sócios e dois estagiários. Um estagiário se formou e não pudemos efetivar porque não tínhamos dinheiro. A outra estagiária, Ana Clara, ia se formar seis meses depois: se não a efetivássemos, ela iria embora, e a empresa acabaria. Para convencê-la a ficar, oferecemos colocá-la como sócia, com 10% do capital. Não foi fácil, porque ela sabia que a XP não dava dinheiro — e 10% de zero é zero. Mas, mesmo em meio a tantas dificuldades, Marcelo e eu realmente acreditávamos que a XP seria a maior corretora do país e falávamos isso o tempo todo. Sabíamos que não seria fácil, mas não estávamos desanimados, muito pelo contrário. Achávamos que tínhamos o que era necessário para tornar esse sonho realidade. Ana Clara acabou se convencendo e ficou. Foi ótimo não apenas para a empresa, mas para mim. Depois de um tempo, começamos a namorar, nos casamos e hoje temos três filhas.*

Sonho e humildade

Nessa época, o que salvou a XP foi um grande instinto de sobrevivência, combinado com uma vontade de construir algo importante. Hoje virou meio clichê falar isso, mas sempre tivemos dentro de nós o sonho de transformar a XP em uma empresa grande e relevante para o Brasil. Mas sonhar alto é só o começo: é preciso montar um plano que torne esse sonho possível e executá-lo no dia a dia com garra, intensidade e também com muita humildade. Aprendemos na prática, às vezes de forma dolorida, que a vida é um zigue-zague, e é necessário se moldar a cada situação para atingir seus objetivos.

---

* Ana Clara Sucolotti trabalhou na XP até 2011.

Além disso, ter a mente aberta, sem convicções predefinidas, nos ajudou. Em vez de ficarmos presos a um modelo, testávamos hipóteses para ver o que funcionava, para encontrar alguma brecha.

Logo depois do primeiro curso sobre a Bolsa, devolvemos o dinheiro de Julio e nunca mais precisamos pegar empréstimos. Em 2003, com o mercado mais calmo após a eleição presidencial, conseguimos expandir a agenda de cursos, e mais pessoas passaram a abrir contas. O modelo finalmente começou a engrenar. Em 2004, Julio se tornou nosso quarto sócio. Estava pensando em fazer um MBA no exterior, mas mudou de ideia e comprou uma participação na XP.* Nosso faturamento foi crescendo e, em 2006, chegou a 6 milhões de reais. Tínhamos 10 mil clientes ativos, e o negócio já prosperava. A empresa enfim estava financeiramente saudável e em crescimento. Toda a nossa expansão era bancada por nosso lucro: quando o negócio ia bem, tínhamos como investir; caso contrário, apertávamos o cinto.

Achamos que era o momento de dar outro passo e virar uma corretora. Usamos todo o caixa que havíamos conseguido acumular até então e compramos, em 2007, a Americainvest, a última corretora do ranking da Bolsa. Só que demos azar. No ano seguinte, veio a crise financeira mundial, que provocou uma fuga de recursos e investidores da Bolsa. Ter uma corretora de valores num *bull market* (período de alta das ações) é um excelente negócio, mas num *bear market* (período de baixa) é um horror. Ninguém quer abrir conta, nem negociar, é uma tragédia. Não tivemos prejuízo, mas, mesmo assim, decidimos repensar o modelo de ser pura e simplesmente uma corretora de ações. Afinal, sempre haverá crises. A história do mercado financeiro é recheada de altos e baixos, de euforias e períodos de depressão que não conseguimos controlar. Mas podemos controlar o fato de não querermos ficar à mercê dessa turbulência.

Com isso em mente, fomos entender como funcionavam as corretoras em países em que o mercado de capitais era mais desenvol-

* Julio Cápua comprou 15% da XP por 200 mil reais, segundo informações da revista *Exame* (Maria Luíza Filgueiras, "Por que esta empresa incomoda tanto os grandes bancos?", 12 set. 2016).

vido. Fui a uma feira da corretora norte-americana Charles Schwab e voltei encantado. Eles não vendiam só ações, mas diversos produtos financeiros, e achei que esse era o caminho: transformar a XP num shopping center de investimentos, onde as pessoas encontrariam opções variadas de produtos financeiros em diferentes segmentos e poderiam escolher o que melhor se adequasse a seu perfil — e ao momento do mercado. Em vez de atender apenas quem queria comprar ações, um público pequeno no Brasil, teríamos alternativas para todo tipo de investidor. Na época, muita gente dizia: "Ah, mas os bancos já fazem isso, não dá para concorrer com eles". Pensávamos de forma totalmente diferente. Nosso objetivo era ter uma oferta de produtos que fosse superior à dos bancos, em qualidade e quantidade, em todos os segmentos.

Ainda hoje, a maior parte dos investimentos das pessoas está nos bancos. Há dez anos, era quase tudo. Muitos clientes bancários sabem que não estão sendo bem atendidos — percebem quando o gerente fica tentando empurrar produtos, veem que a aplicação rende pouco —, mas têm medo de partir para alternativas. A maioria das pessoas não relaciona a formação de uma poupança de longo prazo a uma corretora. Acredita que corretora é risco. Para quebrar essa resistência, fomos trilhando aos poucos nossa nova jornada, baseados principalmente em educação financeira. Tínhamos ensinado muita gente a investir em ações e adaptamos esse modelo ao conceito de investimentos. Depois do curso "Aprenda a investir em ações", criamos o "Aprenda a comprar renda fixa", "Entenda sobre previdência" e assim por diante. Com esse novo modelo, passamos a viajar o Brasil. Fazíamos cursos em diferentes cidades, e a consequência natural era abrir contas. Eu mesmo devo ter ministrado mais de cem cursos.

As outras corretoras olhavam para a gente e achavam que estávamos loucos. Naquela época, corretora ainda era um negócio tradicional, do operador que ficava no telefone, comprando e vendendo papéis para os clientes. Achávamos que o modelo tinha de mudar. Como éramos jovens, éramos vistos como os garotos que não entendiam nada e que acabariam quebrando. Aconteceu o contrário:

com o tempo, muitos concorrentes fecharam, se juntaram a outras empresas ou resolveram mudar e se tornar empresas de investimento parecidas com a XP.

A busca por novos sócios

Durante quase dez anos, a XP teve uma trajetória solo: crescia com o caixa que conseguia gerar, sem o apoio de ninguém. Mas começamos a sentir falta de um selo de qualidade que nos ajudasse a convencer os clientes dos bancos a investir conosco. Em 2010, ano em que tivemos cerca de 20 milhões de reais de lucro, uma cifra bem razoável, fomos procurados pela Actis, uma gestora inglesa de fundos de private equity. A Actis comprou uma participação de 20% na XP por 100 milhões de reais, o que reforçou nosso caixa, além de proporcionar o tal selo de qualidade — afinal, era um fundo estrangeiro colocando uma quantia nada desprezível na empresa. Esse aporte teve outro efeito importante na equipe da XP: mostrou que havia mais alguém acreditando que estávamos no caminho certo. Nossa proposta era ser um shopping de investimentos, mas na prática ainda éramos uma corretora, com poucos produtos. Buscávamos implementar o modelo de fato, uma jornada que levou alguns anos, e a Actis foi fundamental nesse processo.

Depois das ações, os primeiros produtos que passamos a distribuir e ganharam relevância na empresa foram os fundos de investimento. Procuramos fundos de gestoras renomadas porque isso mostrava aos clientes que estávamos associados a marcas de peso. À medida que colocávamos um número maior de fundos na grade, nosso discurso foi se tornando mais robusto. Até então, quem queria investir num fundo do banco X tinha de abrir uma conta lá, e os bancos só vendiam seus próprios produtos. Na XP, era possível ter acesso a fundos de diferentes instituições. No fim de 2010, tínhamos cerca de quarenta fundos na plataforma. Em seguida, passamos a oferecer também títulos de renda fixa. Não foi uma operação trivial, porque precisamos construir uma solução tecnológica que pudesse funcionar para cada emissor, mas fomos fazendo tudo aos poucos. Em 2012, já estávamos um pouco mais com a cara do que somos atualmente.

Nesse mesmo ano, a General Atlantic, uma gestora norte-americana de fundos de private equity, também investiu na XP, pagando 430 milhões de reais por 31% do capital. Ou seja, a empresa passou a ser avaliada em quase 1,4 bilhão de reais. Com a entrada dos fundos, passamos a ter um conselho de administração, que foi importante para nos ajudar a tomar algumas decisões. Mas não recorremos a uma mentoria externa de forma sistemática. Nosso método é ter um time coeso, comprometido, capaz de planejar, executar e corrigir a rota quando necessário.

Nosso crescimento foi exponencial. Em 2011, captávamos de 1 milhão a 2 milhões de reais por mês em investimentos de clientes. Em 2012, o valor aumentou para 10 milhões de reais. No ano seguinte, saltou para 50 milhões de reais e assim por diante, até chegarmos a 9 bilhões de reais em março de 2019. Quando atingimos um certo tamanho, sentimos que os clientes passaram a exigir uma robustez maior da empresa. Contávamos com dois sócios de peso, a Actis e a General Atlantic, mas achávamos que precisávamos de um selo de qualidade ainda maior. Não havia um consenso interno sobre como fazer isso. Alguns executivos achavam que a abertura de capital daria essa visibilidade — afinal, o mercado inteiro estaria analisando nossos números e nossa estratégia. Mas essa maior transparência também tem um custo, que é justamente a necessidade de prestar contas e divulgar planos. Achávamos que, colocando na balança, a operação valia a pena, então resolvemos iniciar o processo em 2017, sabendo que não seria nada simples.

Um belo dia, o Itaú nos procurou. Sempre tivemos um relacionamento cordial com o banco, então não fiquei surpreso quando Roberto Setubal me chamou para almoçar. Mas fiquei surpreso com o que ouvi: ele queria que avaliássemos a possibilidade de desistir da abertura de capital e aceitar o Itaú como sócio. Explicou que não tinha o menor interesse em comprar a XP, mas que queria participar do negócio. O interessante era que teríamos o selo de qualidade que seria proporcionado pela abertura de capital, mas sem a exposição de ser uma empresa aberta. Abrimos mão de uma parte da empresa, mas mantendo o controle. O Itaú não tem nenhum tipo de ingerência na operação: é nosso sócio-investidor minoritário e, no dia a dia, nosso concorrente.*

O sonho do trilhão

O selo de qualidade que o Itaú nos deu foi importante e realmente ajudou a acelerar o nosso crescimento. Apesar disso, sempre continuamos 100% focados no negócio e comprometidos com a expansão da companhia. A XP é um projeto de vida. O que nos move é o desejo de construir a maior e a melhor empresa de investimentos do Brasil. É claro que ganhar dinheiro é importante — mostra que estamos indo na direção certa —, mas é uma consequência, não um fim.

Ter um sonho grande ao longo da jornada foi primordial para o nosso sucesso. Após o *deal* com o Itaú, pensando em como poderíamos tornar isso ainda mais claro, criamos o plano do trilhão, ou seja, de ter 1 trilhão de reais sob custódia. Não chega a ser uma meta. Começamos a falar do trilhão em setembro de 2018, quando tínhamos pouco mais de 170 bilhões de reais sob custódia. Na época, o sonho parecia impossível e queríamos mobilizar todo mundo nessa direção.

Tenho a convicção de que todo centavo investido nos bancos pode ser melhor investido pela XP, e a nossa missão é encontrar maneiras de fazer isso acontecer.

Por quê? Vou dar apenas um exemplo: a comparação entre o rendimento da caderneta da poupança e do Tesouro Selic, o título público mais conservador do Tesouro Direto, cuja rentabilidade acompanha os juros de mercado. Quando a taxa Selic, que é a taxa básica de juros da economia, fica igual ou inferior a 8,5% ao ano, a poupança

* A XP vendeu 49,9% do capital para o Itaú por 6,3 bilhões de reais. O anúncio foi feito em maio de 2017, e a operação foi aprovada pelo Banco Central em agosto de 2018, com restrições.

rende 70% da taxa Selic. Em abril de 2019, era o equivalente a 4,55% ao ano, com isenção de imposto de renda. Já o Tesouro Selic rendia, no mesmo período, a taxa Selic, ou seja, 6,5%. Esse retorno cai para 5,2% se for aplicada a alíquota intermediária de imposto de renda, de 20%, que vale para quem deixa o dinheiro aplicado entre seis meses e um ano. Mas a alíquota é decrescente e cai para 15% no caso de investimentos superiores a dois anos. Nesse caso, o rendimento do Tesouro Selic chega a 5,53%.

Já foi possível ganhar muito dinheiro no Brasil ficando no CDI, porque os juros eram altíssimos. Nossa cultura é a do alto retorno, com liquidez e baixo risco. Mas isso acabou, os juros baixos vieram para ficar e, nesse processo, as plataformas de investimento ganham importância, porque os bancos em geral não oferecem bons fundos de ações, multimercados e outras opções de risco mais elevado para ajudar a otimizar as carteiras.

Um conselho que dou para os investidores é montar uma carteira equilibrada, voltada para o seu perfil de investimento. Também é importante aplicar uma parte dos recursos numa reserva de emergências, destinada a cobrir despesas em caso de imprevistos. Quem não entende de finanças deve conversar com um profissional especializado antes de decidir o que fazer. Pessoalmente, faço o seguinte: sigo à risca aquela dica clássica de não concentrar meus investimentos numa só classe de ativos. Acho que diversificar faz sentido, em especial num país com altos e baixos como o Brasil. Além disso, considero importante ter uma visão de longo prazo e investir em ações ou fundos de ações de boas empresas, seguindo sempre seu perfil de investidor. Invisto metade do meu patrimônio nisso e a outra metade em títulos de crédito, fundos multimercados e ativos internacionais.

A importância da cultura

Se tivesse que apontar o fator responsável por nos fazer chegar até aqui, diria que é a nossa cultura. Existem três valores fundamentais na XP: sonho grande, mente aberta e espírito empreendedor. Acreditamos que tudo é possível, para tudo existe um caminho. Basta ter um sonho grande e muita garra para atingir seu objetivo. É importante ter mente aberta e humildade porque, por mais que o plano seja sólido, pode ter de ser modificado ao longo do tempo, e é preciso aceitar isso. Também queremos pessoas com espírito empreendedor, ou seja, que se comportem como CEOs, assumam responsabilidades e sejam capazes de partir para a ação com o mínimo necessário para gerar valor. Testar ideias novas é vital para fazer a empresa evoluir.

Antes de contratar, procuramos avaliar se a pessoa tem essas características e a vontade de montar algo grande, transformador, a longo prazo. Muitos jovens são imediatistas demais: querem virar diretores do dia para a noite, mas não é assim que funciona. É preciso ir ligando os pontos de olho nos objetivos de longo prazo. As realizações que importam de verdade são construídas dessa forma.

Atrair e manter pessoas talentosas foi um dos grandes desafios da XP. No começo, eu era o CEO de uma empresa com mais um sócio e dois estagiários. Tempos depois, éramos uma salinha com trinta pessoas, depois com cinquenta, cem, duzentas. Em 2019, a empresa tinha aproximadamente 1900 funcionários, além de cerca de 5 mil agentes autônomos de investimentos. Tivemos de fazer várias transformações no estilo de gestão, e eu precisei mudar para me adaptar a cada novo cenário. Numa empresa que dobra a cada ano porque o mercado permite, quem não evolui acaba ficando pelo caminho. Com o tempo, aprendemos a buscar no mercado os profissionais de que a empresa precisa de acordo com a fase em que está. É necessário encontrar pessoas que andem junto com a sociedade, tenham reconhecimento adequado e principalmente a cultura certa — não adianta ser alguém com alta performance se os valores não combinam com os da companhia.

O desafio da XP é crescer mantendo o espírito de startup — ou seja, continuar sendo uma empresa de dono, em que se presta atenção aos mínimos detalhes.

Para esse espírito empreendedor continuar, é fundamental dar espaço para projetos novos. Ao mesmo tempo, é preciso manter a empresa lucrativa e crescendo. Não existe uma fórmula exata que garanta o equilíbrio, mas acho que nosso time de líderes e nosso sistema de metas têm tido sucesso. Cada projeto tem seu objetivo e seu indicador. Se a equipe não está atingindo a meta, pode adotar outra medida, mas precisamos enxergar o valor do que está sendo feito. Quando fica evidente que não vai dar certo, abandonamos. Por isso, também é importante ser humilde. Se, na prática, a ideia que parecia brilhante não deu tão certo, vamos interromper e partir para a próxima. Normalmente, quando se faz uma autocrítica baseada em fatos e dados, a verdade não demora a aparecer.

O IPO volta à cena

Dois anos depois de assinarmos a transação com o Itaú, retomamos o plano do IPO (oferta inicial de ações). Dessa vez, a operação tinha o objetivo de nos dar acesso aos principais investidores do mundo e prover capital para a XP fortalecer novas linhas de negócio, nos garantindo o controle da empresa e a sua total independência.

Montar o banco é a principal nova linha de negócio no horizonte. Não queremos nos tornar o que criticamos, mas oferecer um leque maior de produtos e serviços aos clientes — de cartões e transferências a operações de câmbio e crédito — para que eles possam cortar definitivamente o cordão umbilical que têm com os bancos tradicionais. Quem tem conta na XP ainda precisa usar um banco para receber salário, pagar faturas. Queremos que essa pessoa faça tudo isso conosco. Além disso, ela poderá usar seu saldo de investimentos como garantia para conseguir empréstimos com juros mais baixos que a média de mercado.

A abertura de capital também permitiu que a XP se conectasse com pessoas brilhantes ao redor do mundo, uma vez que alguns dos maiores investidores globais se tornaram nossos acionistas. Temos sócios desde 2010, e acredito que sócios inteligentes me fazem evoluir como empresário e podem ajudar a companhia a crescer ainda mais. Podemos usar a experiência desses investidores e trazer para o Brasil as práticas que mais deram certo pelo mundo inteiro. O IPO está longe de ser um fim em si mesmo. Temos um propósito, nos sentimos indignados, desafiados e não descansaremos enquanto não transformarmos por completo o sistema financeiro brasileiro, melhorando a vida das pessoas. Nossa jornada está só no começo.

Atualmente, as pessoas não aceitam mais comparecer a um curso de dois ou três dias. Estamos na fase da educação on-line. Com essa visão, compramos em 2011 o InfoMoney, site de notícias de conteúdo independente, que tem cerca de 10 milhões de leitores únicos por mês. A plataforma publica reportagens e artigos exclusivos sobre economia, investimentos e negócios — todos gratuitos —, além de oferecer cursos on-line. Acho que esse é o caminho mais concreto para educar as pessoas atualmente, com escala.

A XP Inc. e suas principais marcas — XP, Clear e Rico — têm ainda suas próprias iniciativas. A XP Investimentos mantém dois canais de atendimento. Um deles é o B2C, que permite ao cliente buscar informações no nosso site sozinho. Publicamos conteúdo educativo e temos robôs de atendimento, que assessoram os investidores. O outro é o B2B, voltado para os agentes autônomos de investimentos que atendem os clientes na ponta. Quando credenciamos agentes autônomos, buscamos nos certificar de que estejam alinhados com nossos valores e coloquem o cliente em primeiro lugar. Um gerente de banco tem uma série de metas para cumprir e muitas vezes elas se resumem a aumentar a venda de determinado produto. Ele é um funcionário e precisa alcançar o resultado estipulado se quiser manter seu emprego. Em contrapartida, um agente autônomo é um empreendedor e, como todo empresário, seu principal objetivo é o sucesso de seu negócio a longo prazo. Para tal, ele precisa atender às necessidades dos clientes.

Isso tem acontecido. Fazemos pesquisas mensais de satisfação para saber a opinião dos clientes sobre o atendimento que recebem, e a nota do canal B2B é de 80 pontos, um número alto, ou seja, os clientes gostam do serviço que recebem. Acho que é possível dizer que os encantamos, mas sabemos que sempre é possível melhorar.

Queremos ter sistemas de controle cada vez mais robustos que garantam ao cliente receber um serviço de qualidade, dentro das regras.

Os agentes autônomos são nossos parceiros, mas a responsabilidade é nossa. Somos nós que garantimos a qualidade do processo. Se algum parceiro faz algo errado na ponta, nós assumimos. Felizmente, acontece pouco: acho que tivemos cerca de trinta reclamações formais desde que a XP foi criada.

"Empreendedor tradicional"

Sou uma pessoa de rotinas. Durmo cedo, até as 22h30 no máximo. Acordo às 5h45 e faço algum esporte das 6h às 7h. Tomo café com a família, chego à empresa por volta das 8h30 e tento sair até as 20h, para conseguir jantar com as crianças. Mas, claro, nem sempre é possível: às vezes, saio de madrugada. Eu amo o que faço, então não é um trabalho, é um prazer. Adoro estabelecer metas, para mim e para os outros, e ir curtindo a jornada, ver a empresa se desenvolver. Mas é preciso ser organizado para dar conta de tudo. Costumo dizer que empreender é um estilo de vida, e sou apaixonado por ele.

Sou um empreendedor tradicional, um tipo meio raro atualmente. Comecei com pouco dinheiro e tinha de fazer a empresa dar lucro. Hoje, as startups dão prejuízo — às vezes, bilionários —, ninguém sabe como, ou quando, vão passar a dar lucro, mas continuam recebendo investimentos. O empreendedor que faz isso vai queimando caixa e abrindo mão de ações até que perde o controle da companhia. Prefiro crescer um pouco mais devagar, porém com consistência.

OS PRINCIPAIS CONSELHOS DE GUILHERME BENCHIMOL

Sobre empreendedorismo e investimentos

1 **Sonhe grande. E trabalhe para transformar o sonho em realidade**
Só quem tem metas ambiciosas pode construir algo relevante. Mas sonhar é apenas o começo: é preciso ter um plano e executá-lo no dia a dia com garra.

2 **Seja humilde e tenha a mente aberta**
Por mais que o plano de negócios seja sólido, pode ser necessário alterá-lo: ou porque o mercado mudou, ou porque aconteceu alguma coisa que você não previu. É preciso aceitar isso. Se, na prática, a ideia que parecia brilhante não deu tão certo, interrompa.

3 **Tenha visão de longo prazo**
As realizações que de fato importam são construídas com intensidade, mas aos poucos. Quem é imediatista raramente faz algo transformador.

4 **Saiba quanto paga para investir**
As taxas cobradas pelas instituições financeiras podem reduzir muito o retorno de um investimento. Compare as alternativas antes de aplicar.

5 **Faça investimentos adequados ao seu perfil**
Quem não é especializado em finanças deve buscar a orientação de profissionais capacitados antes de investir.

SUGESTÕES DE LEITURA

Feitas para durar
Jim Collins
"Ensina a ser um empreendedor tradicional, ou seja, a criar e comandar uma empresa lucrativa que tenha condições de se manter relevante por muitos anos."

Organizações exponenciais

Ismail Salim, S. Malone Michael e Van Geest Yuri

"Esse livro me inspirou a organizar a empresa em *squads* (equipes multidisciplinares que atuam num projeto específico) e a trabalhar no formato de metodologia ágil."

Tudo começa com a comida

Dallas Hartwig e Melissa Hartwig

"Gosto muito de ler sobre dietas e alimentação saudável, e esse livro é um dos mais interessantes que já li. Mostra que uma boa alimentação ajuda a ter foco e disposição, e torna a vida mais produtiva."

CAPÍTULO 5

Henrique Bredda

Sócio da gestora Alaska Asset Management

Ao lado de Luiz Alves Paes de Barros, um dos maiores investidores da Bolsa brasileira, Bredda é responsável pela gestão de um dos fundos de ações de maior sucesso do mercado brasileiro, o Alaska Black, da gestora Alaska. De janeiro de 2016 a agosto de 2019, o fundo acumulou um retorno de cerca de 500% — no mesmo período, o Ibovespa subiu pouco mais de 130%. Ainda adolescente, Bredda decidiu que trabalharia no mercado financeiro. Resolveu estudar engenharia quando viu que muitos profissionais de finanças tinham essa formação, mas, como o curso era em período integral, atrasou sua conclusão para poder fazer estágios. Trabalhou no Unibanco, como analista de crédito, e na gestora Spinnaker, como analista de ações. Já formado, foi analista de ações do family office *FVF Participações e, em seguida, ocupou a mesma posição na gestora britânica Ashmore, até fundar, junto com outros sócios, a Skipper, que se fundiu com a de Paes de Barros para formar a Alaska, em 2015. Bredda também é um dos investidores de maior influência no Twitter, com mais de 80 mil seguidores. Tem 38 anos, é casado e pai de duas filhas.*

Um engenheiro naval no mercado financeiro

Sempre me interessei pelo mercado financeiro. No fim dos anos 1990, quando estava no ensino médio, entrei numa competição de investimentos organizada pelo jornal *Folha de S.Paulo*. Usávamos simuladores para negociar ações e ganhava quem tivesse o melhor desempenho depois de um período. Fiquei em primeiro lugar. O prêmio era um dia de curso sobre ações na antiga Bovespa, a Bolsa de Valores de São Paulo, que agora se chama B3. Adorei e resolvi que iria trabalhar no mercado financeiro.

Para decidir que faculdade fazer, pesquisei a grade curricular dos cursos que me interessavam. Pensei em estudar economia, mas, quando vi o conteúdo das aulas, achei que não teria paciência para a parte de ciências humanas. Eu gostava de números. Acabei decidindo estudar engenharia depois de ler uma reportagem sobre os feras do mercado mostrando que quase todos tinham formação em exatas e usavam modelos matemáticos para ganhar dinheiro.

Descobri que muitos executivos do Itaú, e até o Roberto Setubal, tinham estudado na Poli, da USP,* e resolvi prestar vestibular para lá. Mas meus professores do colegial insistiram para eu tentar o ITA (Instituto Tecnológico da Aeronáutica), que era — e ainda é — bastante concorrido. Eu era bom aluno e, se passasse, seria uma boa propaganda para a escola, já que poucos alunos de Sumaré, cidade do interior de São Paulo onde eu morava, conseguiam entrar no ITA, que fica em São José dos Campos, também no interior paulista. Como eles pagaram a inscrição, prestei vestibular e passei — dos setecentos candidatos da região de Campinas, fui um dos três que conseguiram entrar. Mas realmente não queria ir para lá. Esse resultado saiu antes do da Poli, então tive de dizer não para o ITA antes de saber se conseguiria a Poli. Estava convicto de que deveria ir para São Paulo. Minha mãe entrou em desespero depois que neguei o ITA, mas acabei conseguindo a Poli. Na época, o curso começava com o

* Escola Politécnica da Universidade de São Paulo.

currículo básico de engenharia e depois os alunos escolhiam áreas mais específicas. Escolhi a grande área mecânica e acabei caindo em engenharia naval.

Depois de um ano, fiquei meio entediado com a Poli, porque a maioria das matérias era muito densa em conteúdo de engenharia. Decidi fazer estágio, mas, para isso, precisaria trancar algumas matérias, já que o curso no início é em período integral. Achei que valia a pena demorar mais para me formar para ter tempo para trabalhar, porque minha formação seria mais completa. Em 2002, comecei numa pequena consultoria financeira, a EFC, onde ficava planilhando balanços de bancos. No ano seguinte, recebi uma proposta do Unibanco para a área de crédito. Aprendi a analisar os balanços de empresas de diferentes setores e a entender de fato como olhar a saúde financeira das companhias. Por esse aspecto, foi uma ótima experiência.

O problema é que a área de crédito é meio ingrata. Se eu chegasse à conclusão de que era melhor não emprestar dinheiro para uma determinada empresa, o pessoal de negócios ficava bravo comigo porque não conseguia fechar a transação. Se eu desse o.k. e a operação fosse um sucesso, eu não ganhava nada a mais por isso. Por outro lado, se a companhia quebrasse ou não pagasse a dívida, a bomba estouraria no meu colo, porque mostraria que não fiz a análise direito.

Estava perto de me formar e, como não estava muito satisfeito no banco, achei que era o momento de fazer um intercâmbio para ter uma experiência com língua estrangeira. Ficava irritado quando via pessoas com uma formação que eu não considerava tão boa serem valorizadas só porque tinham feito intercâmbio. Então resolvi ter essa experiência internacional. Fiquei seis meses em Londres, de setembro de 2004 a março de 2005, e trabalhei como garçom para desenvolver o inglês. Voltei desempregado e retomei as matérias da Poli que estavam faltando.

Não havia muitas ofertas bacanas de emprego no mural da Poli, mas na vizinha FEA,* sim. Vi uma oferta do hedge fund Spinnaker,

* Faculdade de Economia, Administração e Contabilidade da Universidade de São Paulo.

mandei currículo, fiz entrevista e comecei lá em 2005, no *back office*. Foi um *downgrade*, porque no Unibanco, eu visitava empresas e fazia análise de crédito, enquanto na Spinnaker ficava conferindo notas de corretagem. Mas achei que estava num lugar legal, então fiquei tranquilo. Em 2006, manifestei interesse em trabalhar na área de ações; quando surgiu uma vaga, fui ajudar a equipe de renda variável e tive meu primeiro contato com *valuation*, ou seja, com as técnicas que permitem analisar o valor das companhias. Até então, eu sabia minimamente olhar o balanço das companhias, mas não sabia atribuir valor a elas — aprendi a fazer isso na Spinnaker. Me formei enquanto trabalhava lá.

Por sorte, peguei a onda de valorização da Bolsa brasileira e também a leva de dezenas de empresas que abriram capital aqui.* Mas percebi que, apesar de o Brasil ser muito importante para a Spinnaker, a área de ações não era. As prioridades eram o mercado de dívida estruturada, moedas e taxas de juros. Como eu queria continuar trabalhando com renda variável, resolvi mudar. Em 2008, fui ser analista de ações no FVF Participações, o *family office*** do Tom Valle (Antonio Carlos Freitas Valle), que havia sido sócio e tesoureiro do Garantia. Achei que era uma boa oportunidade de trabalhar com alguém experiente e conhecido — e quem sabe o *family office* pudesse evoluir para uma gestora de recursos, com fundos abertos para clientes externos.

Mas dessa vez dei azar. Entrei lá no dia 12 de setembro de 2008, uma sexta-feira. Na segunda-feira, dia 15, o banco Lehman Brothers quebrou, dando início à crise financeira mundial. Passei oito meses apagando incêndio, vendo o mundo desabar. Além disso, entendi que a FVF não tinha a intenção de se tornar uma gestora e ter clientes externos naquele momento — e era esse o tipo de exposição e experiência que eu queria ter. Nessa época, Emerson Navarini, que

* O Ibovespa, principal índice da Bolsa brasileira, valorizou cerca de 120% de janeiro de 2016 a maio de 2018. Saiu de 33 507 pontos para 73 516 pontos nesse período.

** *Family office* é uma estrutura montada por uma família, ou por um grupo de famílias, que precisa de assessoria completa e exclusiva para gerenciar seu patrimônio.

havia sido meu chefe na Spinnaker, estava na Ashmore, uma gestora de recursos britânica que tinha acabado de abrir um escritório no Brasil e estava montando um fundo de ações.* Ele me convidou para ser analista de um fundo de ações com cota pública, que era o que eu mais queria. Além disso, imaginava que essa grife internacional ajudaria a atrair investidores. Estava nas nuvens.

Descendo das nuvens para uma "saga infernal"

Só que descobri, na prática, que uma marca internacional conta pouco aqui no Brasil. O que faz diferença para o investidor são as pessoas por trás dos fundos e o desempenho — e a verdade é que não conseguimos nos destacar. Em 2010, saí da Ashmore para montar uma gestora, a Skipper, junto com outros sócios. De março de 2010 até o começo de 2015, vivi uma saga infernal para contratar e treinar a equipe, alinhar interesses, enfrentar a burocracia para colocar uma empresa de pé no Brasil e resolver problemas básicos, como contratar serviços de telefonia e internet. Fora isso, aprendi que, quando se monta uma gestora de fora para dentro, como estávamos fazendo, a chance de dar errado é enorme. Saímos buscando bons profissionais no mercado, mas sem dedicar um tempo para avaliar se eles atuariam bem em conjunto. Depois de alguns meses, as diferenças de filosofia de trabalho começaram a aparecer. Algumas pessoas acabaram ficando menos de um ano na empresa. Tudo isso gerou uma carga de estresse enorme e contínua.

Em 2012, virei gestor de fato do nosso fundo de ações, que se chamava Black, e o estresse aumentou ainda mais, porque eu não tinha a confiança de todos os sócios. Passei o ano batendo na tecla da filosofia fundamentalista de investimento, da importância de analisar as empresas a fundo e ter visão de longo prazo, e os resultados acabaram sendo muito bons. O Black teve um rendimento de 38% em 2012.

* A Ashmore anunciou em 2015 o fechamento de sua gestora no Brasil.

Mas, no ano seguinte, o Brasil começou a desaquecer, e o fundo perdeu 9%. Até aí, nada de mais para um fundo de ações. Em 2014, em meio ao estresse eleitoral — caiu o avião de um dos candidatos, Eduardo Campos, que faleceu; a ex-presidente Dilma Rousseff foi reeleita e ninguém sabia o que esperar —, o Black teve mais um ano negativo: baixa de 15%. Tentei uma fusão com outra gestora, a VentureStar, mas não deu certo porque não havia alinhamento entre os sócios.

Quem nos salvou — apesar de a gente não saber disso na época — foi Angela Freitas, que era sócia da Skipper e é minha sócia até hoje. Ela deu a ideia de conversarmos com Luiz Alves Paes de Barros, um ícone do mercado financeiro do país. Ele teve muito sucesso investindo dinheiro próprio na Bolsa ao longo de décadas e descobrimos por acaso que também estava buscando uma equipe para montar uma gestora. Meu santo bateu muito rápido com o de Ney Miyamoto, sócio de Luiz Alves que estava encarregado de achar essa equipe. Em um dia de conversas, já havíamos decidido que faríamos algo em conjunto. A parceria de fato levou uns três meses para ser concretizada, porque havia aspectos legais e burocráticos para serem ajustados, porém o mais importante era que estávamos totalmente alinhados. Nascia a Alaska, que é um acrônimo para Angela, Luiz Alves e Skipper.

O mal-entendido que mudou a história da gestora

Mantivemos o Black na nova gestora, com uma estratégia parecida com a que eu havia adotado quando virei gestor, em 2012: procurar empresas fora do radar da maioria dos investidores e analisá-las a fundo antes de investir. Sempre quis me desvencilhar completamente da obrigação de seguir o desempenho do Ibovespa. Não queria ser forçado a avaliar Petrobras só porque é uma das maiores empresas da Bolsa e está no índice. Além disso, queria poder investir em ações de empresas estrangeiras, por meio de BDRS,* fazer *hedge* (proteção)

* Recibos de ações de empresas estrangeiras negociadas na Bolsa brasileira.

cambial e operar juros, porque todos esses mercados se conversam. Um exemplo: se eu decido comprar ações de uma exportadora sem fazer *hedge*, preciso ter uma opinião sobre o câmbio, porque os papéis dessas empresas sobem quando o dólar valoriza e vice-versa. Mas eu não quero analisar o câmbio, quero analisar apenas a companhia. Para isso, preciso do *hedge*.

Foi uma briga fazer isso na Skipper porque o fundo ficaria "fora da caixinha". Tive de ouvir que era difícil vender um fundo assim. "Não é praxe" foi outra frase que escutei. Eu não queria fazer o que era praxe, mas não conseguia ir contra, o que me deixava muito frustrado. Antes da Alaska, consegui fazer com que o Black pudesse investir em BDRS, e assim foi feito ao longo de 2014 e começo de 2015. Investimos em ações de empresas como Starbucks, Nike, Colgate, Coca-Cola, Johnson & Johnson e Disney, mas não podíamos operar câmbio nem juros. Quando fizemos a junção com o time de Luiz Alves, expliquei a ideia e eles gostaram, então deixamos o mandato do fundo mais aberto, passando a investir também em juros e câmbio. O jeito de escolher empresas não mudou. O que mudou foi a qualidade técnica, graças à influência de Luiz Alves. Assim que começamos a funcionar em conjunto, ele revisou a carteira de ações do fundo, deu seus palpites e passamos um pente-fino. Esse foi o estopim para o início da Alaska.

Ainda assim, em 2015, o desempenho do Black piorou: a perda foi de 22%. Mas dessa vez estávamos tranquilos, porque Luiz Alves estava lá. Ele investe desde a década de 1960, e portanto já viu todo tipo de crise no mercado financeiro. Sabe que o Brasil é assim e, o que é mais valioso, entende que os melhores momentos para comprar ações são justamente os que parecem os piores, quando está todo mundo fugindo do risco e as perspectivas são ruins. O ano de 2015 foi um desses momentos. A economia brasileira caminhava para a recessão, a dívida pública estava explodindo e não havia solução à vista.

Não temos reunião de comitê de investimento, como outras gestoras, em que um analista apresenta o *case* de Petrobras, é sabatinado, resolve as dúvidas, apresenta de novo na semana seguinte e aí o gestor decide o que vai fazer. Nesse período, a ação já subiu, desceu. Já participei disso antes e não gosto. Nosso comitê é ininterrupto. Somos nove pessoas na análise, conversamos sempre e tomamos decisões rápidas quando aparece uma ideia interessante ou um problema. Trocamos a roda do carro andando, sempre.

O grande investimento da Alaska foi a compra de ações do Magazine Luiza, e começou com um mal-entendido, justamente em 2015. Estávamos trabalhando com Luiz Alves fazia uns três meses quando ele me mandou um e-mail com frases meio truncadas. Escreveu algo do tipo: "Magazine Luiza, queda, 40%". Entendi o seguinte: dá uma olhada no Magazine, porque a ação está caindo 40%. Em 2015, estava mesmo.* Querendo mostrar serviço rápido, marquei uma reunião com o CFO (vice-presidente financeiro) da empresa e liguei imediatamente para Luiz Alves. E ele: "Mas por que você fez isso?". Eu falei do e-mail, e ele explicou que havia conversado com um fornecedor do Magazine, que contou que as vendas estavam caindo 40%. Me senti o imbecil. Mas achei chato desmarcar e disse para Luiz que iria e depois contaria como havia sido. No final, ele resolveu ir junto.

Achamos que iríamos encontrar uma companhia desorganizada, com funcionários desanimados, clima pesado. Mas vimos o contrário: um formigueiro com pessoas trabalhando freneticamente. A empresa estava cortando custos, revendo processos e tentando se tornar mais ágil. Voltando para o escritório, eu disse: "A empresa está tomando atitude". Luiz falou: "Gostei da turma lá". Em 2015, com a recessão, as vendas do varejo caíam fortemente, e as de eletroeletrônicos, que eram o forte do Magazine Luiza, diminuíam mais ainda. Ele me pediu para olhar os números, e achei que precisava de mais uma reunião lá. Dessa vez, marcamos já com a cabeça de fazer uma análise mais profunda.

Muitos analistas, ao avaliar varejistas, olham o Ebitda, sigla em inglês para lucro antes de juros, impostos, amortização e depreciação. Costumo repetir que Ebitda é "*earnings before everything that*

* No acumulado de 2015, a ação do Magazine caiu 70,5%.

matters", uma coisa que aprendi com algum investidor velhinho norte-americano.* Quem usa essa métrica ignora um monte de dados importantes. Na verdade, o problema é maior: o lucro líquido, que inclui o que não aparece no Ebitda, também diz pouco sobre a saúde financeira de uma empresa de varejo. O que mostra muito a força do varejista é o capital de giro: se recebe do cliente antes de pagar o fornecedor, consegue uma importante fonte de financiamento. Se, antes de dar lucro, conseguir gerar caixa, a chance de sucesso aumenta muito. Essa é a história do Walmart e da Amazon — mas não era o que estava acontecendo com o Magazine. A companhia tinha estoques altíssimos e muito dinheiro para receber de clientes. Ou seja, o capital de giro era um horror. Para financiar tudo isso, tinha uma dívida cara — vale lembrar que, na época, a taxa básica de juros da economia, a Selic, estava em torno de 14% ao ano. Estávamos em setembro de 2015, e eu disse para Beto (Roberto Belissimo Rodrigues), o CFO: "Com esse nível de capital de giro, a empresa vai ficar inviável daqui a um tempo. O recurso da dívida não vai funcionar".

Para minha surpresa, ele não estava preocupado. Aliás, acho que nunca vi Beto preocupado. Ele disse que aquele não era o capital de giro de equilíbrio e que a companhia receberia cerca de 500 milhões de reais de liquidez no começo de 2016. Também falou que o estoque só estava alto por uma questão conjuntural, e que iria mudar. Quando eu olhava o passado, para tentar achar algum padrão que confirmasse o que ele estava dizendo, não conseguia entender nada, porque era uma série de períodos atípicos: 2014 havia sido o ano da Copa do Mundo no Brasil, então o mix de produtos do Magazine havia mudado completamente, com o aumento da venda de televisores; em 2013, houve incentivos do governo à compra de eletrodomésticos da linha branca, como geladeiras e máquinas de lavar. Descontando tudo isso, Beto disse qual seria o capital do giro a partir

* Em português: lucro antes de tudo que importa. O "investidor velhinho norte-americano" é Charlie Munger, sócio de Warren Buffett na Berkshire Hathaway, uma das empresas de investimentos mais bem-sucedidas do mundo.

do ano seguinte. Se toda aquela liquidez a receber voltasse para o caixa, seria um valor que faria a empresa parar de pé. Ainda era um negócio ruim, mas viável.

Luiz falou: "Agora chega de reunião. Faz uma conta e me diz em qual preço a gente começa a comprar". Para compensar o risco, a taxa esperada de retorno tinha de ser elevada, de 30% ao ano de taxa interna de retorno requerida. Estimamos o fluxo de caixa futuro, descontamos a 30% ao ano, e nossa conclusão na época foi que a ação teria de cair mais 50% para valer a pena comprar.* No fim de 2015, surgiu uma informação nova. A companhia estava renegociando a parceria que tinha com a Cardif, a seguradora do banco BNP Paribas. Para poder vender seguros de garantia estendida nas lojas do Magazine, a Cardif estava disposta a pagar 300 milhões de reais à vista. O mercado praticamente ignorou o fato, a ação continuava a cair e chegou ao preço que havíamos colocado como alvo.

Só para dar uma ideia do que esses números significavam: o valor de mercado do Magazine estava em cerca de 200 milhões de reais. Mas a empresa tinha 800 milhões prestes a entrar no caixa, da Cardif e em capital de giro.

O que Darwin tem a dizer sobre finanças

Entre o Natal e o Ano-Novo, Luiz me ligou de Ilhabela, litoral de São Paulo, e disse que a ação havia chegado ao preço que eu havia estipulado e que iria comprar. Perguntou se eu não iria comprar também para o Black. O problema era que o fundo não tinha caixa. Estávamos vendidos em dólar, apostando na baixa da moeda. Quando o dólar começou a ceder, no começo de 2016, ganhamos dinheiro, e esses recursos foram usados para comprar ações do Magazine. Havia tanto terrorismo sobre a empresa, muita gente dizendo que

* A ação do Magazine Luiza em 9 setembro de 2015 custava trinta centavos. (Esse preço toma como base o valor atual, considerando os desdobramentos que a empresa fez nos anos seguintes.)

iria quebrar, que a maioria dos investidores queria apostar na baixa das ações. Então alugávamos nossos papéis para que eles pudessem montar uma operação de venda e chegamos a ganhar mais de 70% ao ano.*

Os fundos da Alaska tinham cerca de 750 milhões de reais de patrimônio — a maior parte dos recursos vinha do fundo Alaska Poland, de Luiz Alves —, e cerca de 4% desse total estava investido no Magazine, o que representava quase 12% do valor de mercado da companhia. Com isso, foi fácil conseguir uma posição no conselho fiscal. À medida que conhecemos a empresa mais de perto, começamos a entender que não era um negócio ruim que estava barato, era um negócio o.k. Depois, passamos a achar um negócio excelente. Acompanhando em detalhes, tivemos conforto para manter o investimento mesmo depois que a ação passou a subir muito. Se estivéssemos mais distantes, talvez tivéssemos vendido após a primeira alta de 100%, que aconteceu já em junho de 2016.

É possível analisar uma companhia sob diferentes aspectos: contábil, jurídico, econômico. Na Alaska, gostamos de avaliar também sob o aspecto biológico. Uma empresa é como um ser vivo, porque é formada por pessoas. A teoria de Darwin diz que não são necessariamente os mais fortes que sobrevivem, e sim os mais aptos. Com esses óculos darwinistas, víamos a evolução e a adaptação do Magazine Luiza. Além de resolver o problema financeiro de mais curto prazo, a empresa criou um modelo de vendas diferente do da maioria dos varejistas, tanto aqui como no exterior. Na época, a tese era a de que era melhor separar as lojas físicas da operação on-line, porque isso ajudava a "destravar valor". Se tudo ficasse reunido sob um mesmo guarda-chuva, o valor de mercado da empresa resultante

---

* Qualquer investidor pode alugar as ações que tem em carteira. A operação é feita por meio de uma corretora. Como acontece no aluguel de um imóvel esse investidor (doador) recebe um valor mensal pela locação, que varia dependendo da empresa. Do outro lado está o tomador, que usa as ações alugadas para fazer diferentes operações. Se acredita que o preço vai cair, pode vender essas ações no mercado e recomprá-las por um preço mais baixo, para devolver ao proprietário original. O lucro é a diferença de preço menos o valor do aluguel.

seria menor. Por isso, várias companhias adotavam esse modelo de segregação.*

O problema desse modelo são os custos duplicados, porque é preciso ter centros de distribuição, sistemas de logística, departamentos de marketing e todo o resto separados. O Magazine achava que isso não fazia sentido e sempre optou por deixar unidas as duas operações. A empresa foi muito criticada por ir contra a corrente, mas o tempo mostrou que estava certa. Depois de um período, concorrentes passaram a fazer a mesma coisa. Aí o mercado enxergou de verdade o valor do que a companhia estava fazendo. Mas nós apostamos bem antes, então ganhamos durante todo o ciclo. Considerando a base atual, a ação do Magazine saiu de um preço em torno de doze centavos em dezembro de 2015 para 36 reais em setembro de 2019, uma alta de cerca de 28 000%.

Em 2019, continuávamos com a ação na carteira do fundo, porque a empresa seguia se transformando. Estava criando uma plataforma poderosa de marketplace, distribuindo os produtos de milhares de varejistas de menor porte. O potencial é gigantesco. Então, mesmo depois dessa valorização impressionante, na nossa opinião, a ação ainda estava barata. Para analisar bem uma companhia, o gestor precisa ser capaz de rever sua opinião. O que é feito hoje muda o futuro, para o bem ou para o mal. Quando investimos no Magazine, não imaginávamos nada disso. Mas a empresa foi evoluindo, e nós fomos refazendo nossa análise e mantendo a exposição. Poderíamos ter vendido depois de ela ter subido 1000%, 2000%. Já seria um ganho incrível, muitos gestores se dariam por satisfeitos. Mas perderíamos a melhor parte da história. Uma ação pode estar mais barata a cinquenta reais do que a dez reais — tudo depende momento da empresa, e o papel do gestor é capturar isso.

---

* Um exemplo é o grupo Pão de Açúcar, que tinha a CNova, empresa responsável pelo comércio eletrônico de Casas Bahia, Extra e Via Varejo. Em 2016, as operações on-line e física foram integradas.

"Por que você foi comprar essa m...?"

Outro fator fundamental para uma boa gestão é a independência. Quando 95% do patrimônio do seu fundo é composto por recursos de investidores externos, o gestor tem menos liberdade para ir contra o senso comum — em especial se isso gerar perdas em alguns momentos, o que é absolutamente normal. É provável que ele ceda e comece a fazer uma gestão do portfólio pensando mais no coração e no estômago do cliente do que nas teses de investimento — ainda mais se for um profissional pouco conhecido. O Alaska sempre teve bastante capital próprio, boa parte veio de Luiz Alves. E, para falar a verdade, damos pouca importância ao que o cotista está sentindo. O fundo é bastante volátil, e sempre que cai, recebemos ligações, e-mails, alguns indignados, mal-educados: 'Tá vendo, por que você foi comprar essa m...?". Mas não podemos mudar a estratégia só para deixar alguns clientes mais tranquilos. Quem não quer aguentar os altos e baixos do Black deve procurar fundos mais adequados a seu perfil, e não tentar mudar o perfil do fundo. No fim das contas, não queremos atrair clientes, queremos atrair sócios. Quando você enxerga o seu cotista como sócio, em vez de um cliente, a relação muda. Na nossa opinião, muda para muito melhor.

Só conseguimos ter essa firmeza intelectual porque temos capital próprio. Em 2019, cerca de 40% do patrimônio do Black era formado por recursos dos sócios; outros 30% estavam com fundos soberanos com horizontes de investimento de longuíssimo prazo, e o restante, com clientes diversificados. Tínhamos 173 mil cotistas.

Também é importante não ter preguiça. Tem uma ação de que todo mundo fala mal? Vamos olhar. Sem preconceito. Não tem essa de a empresa não vale o meu tempo. Outro "pato feio" em que investimos foi a Braskem, em agosto de 2016. Quando começaram a estourar os problemas da Odebrecht na Operação Lava Jato, a Braskem, que é controlada pela Odebrecht e a Petrobras, caiu na mesma vala. Por mandato, vários fundos globais foram obrigados a vender ações da Braskem, porque não podiam investir numa empresa envolvida em investigação policial. Assim, os papéis caíram. Só que as condições macroeconômicas eram favoráveis à Braskem. Como é uma exportadora de produtos petroquímicos, a companhia se beneficia da alta do dólar, e a moeda estava subindo praticamente desde 2012.

Nesse caso, não precisamos visitar a empresa para decidir se valia a pena investir. Só fizemos a conta. Um risco era o tamanho da multa que a Odebrecht seria obrigada a pagar. Pelas informações que estavam saindo na imprensa, seria de uns 6 bilhões de reais. Fizemos um exercício financeiro e jogamos toda a multa na Braskem, como se ela fosse obrigada a pagar tudo. Ainda assim, dava retorno. Depois disso, tentamos projetar como a companhia seria dali para a frente. Continuaria sendo lesada? Nossa tese era a de que o país estava mudando, que havia bem mais fiscalização, e que portanto as empresas teriam de andar na linha. Compramos ações da Braskem quando estavam em torno de dezoito reais. Chegaram a custar perto de sessenta reais em 2018, e vendemos um pouco depois da alta. No ano seguinte, os papéis caíram para cerca de trinta reais, quando não saiu a fusão com o grupo holandês LyondellBasell. Mas achamos que a baixa era exagerada e voltamos a comprar.

Um grande erro que cometi foi ter achado que valia a pena investir nas ações da Lupatech, que era fornecedora da Petrobras, em 2010. Eu nem era gestor ainda, era analista da Skipper. A Petrobras havia descoberto petróleo na camada pré-sal e começaria a explorar tudo aquilo sozinha, o que achei que prejudicaria seus resultados — e aconteceu mesmo. Na minha visão, os prestadores de serviços seriam os reais beneficiados do pré-sal. A Lupatech fazia muitas aquisições na época. Seu valor de mercado correspondia a quinze vezes o Ebitda, e ela comprava empresas que negociavam a oito, nove vezes o Ebitda. Assim que comprava, a ação subia, porque, dentro da Lupatech, aquela companhia adquirida passava a valer quinze vezes mais. Ou seja, as aquisições eram uma pedalada financeira que faziam a ação subir. Para os executivos que recebiam bônus em ações, havia um incentivo para continuar nessa toada. Com o tempo, a Lupatech virou uma colcha de retalhos, cheia de empresas diferentes e sócios que não estavam interessados em fazer o novo negócio crescer, só estavam esperando o *earn-out** para sair de vez.

Os resultados começaram a piorar e, para complicar ainda mais, a exploração do pré-sal estava demorando mais que o esperado, porque a Petrobras estava investindo pouco. Nem havia o escândalo do petrolão ainda. A ação começou a cair, o dono da Lupatech passou a comprar os papéis, mas a baixa continuava. Quando desvalorizou 50%, pensei: "É um achado". Comprei quando a ação estava em cerca de trinta reais. Lembro que caiu para uns 25 reais, e comprei mais. Vendi um pouco a 27 reais. Depois disso o preço foi desabando, perdi a paciência e vendi tudo. Tive um prejuízo em torno de 70%. A companhia acabou entrando em recuperação judicial.

Aprendi duas lições. Primeira: não é porque o dono comprou que é bom. Segunda, e mais importante: não acreditar em historinha. "Ah, o pré-sal." Esquece. Uma coisa é o potencial, outra é a realidade. Não dá para negligenciar o risco que é fazer uma sequência de aquisições sem integrar direito as empresas. Mesmo que a Petrobras tivesse feito os investimentos da forma que estava planejando, a Lupatech teria problemas. Eu já havia acreditado em historinhas antes, com perdas menores. Em 2008, caí na armadilha da B2W. O setor estava na moda — comércio eletrônico —, e a B2W era um megaplayer que acabava de ser criado, resultado da fusão entre Americanas.com e Submarino. A ação subiu por um período, mas, depois de um tempo, a empresa passou a queimar caixa e perder dinheiro.

Outra historinha que me pegou foi a da Tenda, também em 2008. Era uma incorporadora voltada para a baixa renda numa época em que só se falava da ascensão da classe C. Além disso, a empresa dizia ter uma gestão meritocrática, cultura Ambev. Eu não fui checar nada disso, e era balela. A construtora teve uma série de problemas financeiros e com os projetos e foi vendida para a Gafisa, que levou anos para colocar a operação em ordem. É claro que um investidor não pode esperar tudo dar certo para colocar dinheiro, ou não vai

* *Earn-out* é um contrato que estabelece que o vendedor de uma empresa receberá pagamentos adicionais caso o negócio atinja metas preestabelecidas.

ganhar. Mas não pode pagar 100% adiantado. Pode investir aos poucos, à medida que aquilo que é prometido vai sendo entregue e os resultados aparecem.

Um tipo diferente de erro, tão grave quanto comprar algo que desvalorizou depois, é perder um investimento muito bom por falta de paciência. É a omissão. Meu maior erro nessa categoria foi a RaiaDrogasil. Comprei as ações da empresa em 2012, depois de fazer uma análise do setor e da demografia brasileira, que mostrava que havia espaço para novas farmácias e, principalmente, a consolidação de um setor fragmentadíssimo, porque a população estava envelhecendo. Já havia acontecido em outros países e chegaria aqui. Só que o Brasil estava superaquecido na época, e a ação começou a cair, com a pressão de custo de aluguéis pressionando as margens da companhia. Quando a empresa começou a perder margem, resolvi vender. Assim que vendi, a ação disparou: subiu mais de cinco vezes. Ou seja, faltou paciência e convicção. Eu tinha a análise da tendência de longo prazo, mas faltou força para aguentar um momento um pouco mais difícil. Com o tempo, aprendi que as condições nunca vão ser perfeitas, por isso é preciso fazer uma avaliação profunda das companhias antes de investir e depois confiar. Quem entende de fato o que está acontecendo também fica com medo, mas consegue resistir. Quem não entende se apavora. Faltaram mais estudos e mais paciência.

As polêmicas no Twitter

Em 2016, o Black foi muito bem: rendeu 129%. Estávamos muito felizes, até que um amigo me disse que estavam falando mal do fundo no Twitter. Estavam dizendo que a Alaska era a nova GWI, uma gestora que havia quebrado na crise de 2008 porque tinha fundos de altíssimo risco. Eu mal sabia o que era Twitter, não estava em nenhuma rede social. Resolvi criar uma conta, mas não para responder para o cara, porque ia ser ridículo. Eu não era conhecido, ninguém ia me dar ouvidos. Resolvi que escreveria sobre filosofia de investimentos e, aos poucos, passei a dar opinião sobre economia e política. Foi um período profícuo para escrever, porque o país estava borbulhando: havia um novo governo após o impeachment, com a expectativa de que reformas fossem aprovadas e o país saísse da recessão.

Aos poucos, fiquei mais confortável, fui dando a cara a tapa, e a Alaska passou a ganhar fama — também porque o fundo continuava com um ótimo desempenho. Mas fiquei mais conhecido mesmo em 2018. No início daquele ano, o mercado entrou em pânico por causa da greve dos caminhoneiros, o que eu achava uma babaquice enorme. Acreditava que o impacto seria pontual e escrevi com intensidade. Em seguida, quando a campanha eleitoral passou a esquentar, já me posicionei a favor de Bolsonaro, antes da maioria dos investidores e de muitos empresários. Fui bastante atacado por isso. Para avaliar Bolsonaro, usei a mesma lógica que uso para analisar ações: prestar atenção àquilo que a maioria rejeita, porque pode ser que o consenso esteja errado. Conseguimos marcar uma reunião com ele, e a conversa foi ótima. Então tuitei: "Acabamos de ter uma reunião com o Bolsonaro, tive ótimas impressões". Aquilo explodiu, tomei muita pedrada, mas algumas pessoas elogiaram. Em resumo, entrei na arena.

Quando comecei a escrever sobre política, tomei um susto com a repercussão, mas não me arrependo. Até recomendo que as pessoas façam isso, é mais honesto. Não deveríamos ter medo de expor nossa opinião — dentro da legalidade, obviamente. Eu já pensava de uma determinada maneira. Antes do Twitter, a diferença era que menos pessoas sabiam disso. Quando tornamos nossa opinião pública, um contingente vai ficar negativamente surpreso, outro vai gostar. Entre impressões positivas e negativas, acho que ganha a autenticidade. Não é melhor delegar seu dinheiro a um gestor sabendo como ele pensa? Se queremos atrair sócios, em vez de clientes, o trabalho não é atrair todo mundo a qualquer custo, mas se revelar por inteiro e atrair quem divide praticamente a mesma filosofia de vida. Sócios desalinhados não funcionam. Hoje me sinto mais confortável com o fato de mais pessoas saberem como sou, porque não preciso ficar ajustando meu discurso.

O desempenho acumulado do Alaska tem sido muito bom. De janeiro de 2012 a agosto de 2019, o rendimento foi de 400%, enquanto o Ibovespa subiu 83%, e o nosso benchmark, que é o IPCA mais 6%, ficou em cerca 140%. Entre janeiro de 2016 e agosto de 2019, o retorno foi ainda melhor, de cerca de 500%. Mas um fundo de ações é volátil e, como esperado, já tivemos momentos complicados. O "Joesley Day", em maio de 2017, foi um deles: o fundo caiu cerca de 28% só naquele pregão.* Depois disso nos recuperamos, e o Black encerrou 2017 com um rendimento de 74,6%. Vai ser assim sempre? Vamos ter a capacidade de nos recuperar rápido? Impossível saber. Quem investe no fundo precisa estar preparado, e uso o Twitter para falar sobre isso, para lembrar que ao longo do tempo pode piorar. Na teoria, todo mudo sabe que bolsa tem risco, mas, na prática, muita gente fica apavorada quando um fundo de ações perde, o que é absolutamente normal e esperado. Não vendemos ilusão: mostramos como somos de verdade, o que fazemos, as vantagens e os riscos de investir na Alaska.

OS PRINCIPAIS CONSELHOS DE HENRIQUE BREDDA

Sobre investimentos e carreira

1 **Dê atenção aos "patos feios"**
Nem sempre as opiniões de consenso estão certas. Se você acredita que pode fazer uma análise diferente sobre uma empresa — ou qualquer outro tema —, não tenha preguiça e use seu tempo para isso.

2 **Acompanhe de perto seus investimentos**
Só assim é possível entender o que está acontecendo e tomar decisões embasadas. Uma ação que subiu 200%, 500% pode continuar barata.

* Na noite de 17 de maio de 2017, o jornal *O Globo* publicou trechos de uma conversa entre o empresário Joesley Batista e o ex-presidente Michel Temer, o que deu início a uma crise que paralisou o governo. No dia seguinte, a Bolsa despencou.

3 **Tenha visão de longo prazo**
Vender antes da hora e perder parte da valorização de uma ação é um erro tão grave quanto fazer um investimento que deu errado. Não tenha pressa.

4 **Não caia em historinhas**
Grandes mudanças, como a descoberta do pré-sal, ou tendências de mercado, como o crescimento do comércio eletrônico ou da classe C, são interessantes, mas nem sempre estão na raiz de bons investimentos. Faça análises sempre baseadas em fundamentos, descontando o oba-oba.

5 **Seja independente**
Resista à pressão externa ao tomar decisões de investimento. Faça análises consistentes e confie nelas.

SUGESTÕES DE LEITURA

Feitas para durar: Práticas bem-sucedidas de empresas visionárias
James C. Collins e Jerry I. Porras
"Foi um dos livros que mais me marcaram. Questões como a influência dos líderes e o que determina a durabilidade e consistência das empresas são abordadas de uma forma que muitos investidores negligenciam, pois não são fáceis de quantificar. Por que 'valores centrais' fazem tanta diferença na perpetuidade de uma empresa? Valores centrais não são aquelas frases bacanas de marqueteiros criativos — são simples, claros, diretos e não mudam. Esses valores centrais sempre estão por trás de grandes casos de sucesso no mercado corporativo, e vale a pena identificar empresas com essas características."

Os ensaios de Warren Buffett: Lições para investidores e administradores
Warren Buffett e Lawrence Cunningham
"O livro é baseado nas cartas da empresa de investimentos de Warren Buffett, a Berkshire Hathaway, organizadas por temas. Entender claramente que os gerentes corporativos são

procuradores do capital investido e que os acionistas são os provedores e proprietários do capital investido nos ajuda a identificar quais sinais uma empresa pode involuntariamente nos dar de que esses princípios não estão sendo seguidos. É um importante alerta. Buffett diz que, tanto em negócios como em investimentos, em geral é mais lucrativo simplesmente ser fiel ao fácil e óbvio do que resolver o difícil. Assim como é melhor estar certo sobre um bom resultado do que esperançoso sobre um ótimo."

"The Art of Stock Picking"
Charlie Munger
"Não é um livro, mas um paper escrito por um gênio, Charlie Munger, sócio de Warren Buffett, que tento ler várias vezes por ano. Uma aula. Para Charlie Munger, a arte de se escolher ações se baseia num conjunto de competências de entendimento do mundo, ou *wordly wisdom*. Comumente, logo se pensa em contabilidade, matemática financeira ou economia quando se trata de investimentos. Mas investir em ações envolve muito mais do que isso. Devemos evitar incorrer no erro do 'homem com a síndrome do martelo', que trata todo problema como se fosse um prego. Há muito conhecimento que podemos obter com história, psicologia, física e biologia para turbinar nossos modelos. Munger conclui que a arte de escolher ações é a soma de competências fundamentais oriundas de vários campos do conhecimento. Talvez por isso não exista nenhum curso de graduação que forme profissionais com o título de bacharel em gestão de investimento em ações. Seria uma carga horária gigantesca."

CAPÍTULO 6

Leonardo Linhares

Sócio da gestora SPX, responsável por investimentos em ações

Desde a adolescência, Leo Linhares queria trabalhar no mercado financeiro, seguindo os passos de um irmão mais velho. Durante a faculdade de economia, conseguiu um estágio no banco BBM, primeiro para trabalhar com dados sobre inflação e, em seguida, para operar na Bolsa, o que ele queria de fato. Virou analista, depois sócio do banco. Em 2012, saiu do BBM para ser o sócio responsável pela área de ações da SPX, gestora que havia sido fundada por ex-diretores do banco. Na SPX, que gere um patrimônio de cerca de 40 bilhões de reais, Linhares é responsável por uma carteira de mais de 6 bilhões de reais, investida em ações no Brasil e no exterior, e pela gestão do risco alocado em ações nos fundos multimercados. Tem 45 anos, é casado e pai de três filhas.

Só os paranoicos sobrevivem?

Venho de uma família de classe média, com mãe professora e pai militar. Tenho quatro irmãos, todos homens. A vida não era fácil. Meus pais sempre investiram na melhor educação possível para os filhos, mas não sobrava muito além disso. Desde que me lembro, sempre quis ter independência financeira — o que, para mim, significa ter a riqueza necessária para fazer o que quero, e não para comprar coisas. Um dos meus irmãos, Guilherme Linhares, mais velho que eu, trabalhou no banco Pactual.* Ele contava que era um ambiente meritocrático e que havia bônus elevados para quem tinha um bom desempenho. Pensei: é nisso que quero trabalhar. Quando ainda estava no colégio, lia os livros dele sobre mercado financeiro e também a *Gazeta Mercantil*, que já foi o principal jornal de finanças e negócios do país. Gostava do assunto.

Estudei economia na Universidade Federal do Rio de Janeiro. Como meu irmão estava no Pactual, eu infelizmente não podia trabalhar lá. Depois de um estágio de três meses na Shell, em 1994 consegui um outro estágio no banco BBM, para fazer coleta de dados sobre inflação. O Plano Real ainda não havia sido implementado, então fazer esse monitoramento de preços era algo importante. Eu reunia informações e passava para Marcelo Muniz e Rogério Xavier, que eram os responsáveis pela mesa de juros do banco.

Mas eu não queria trabalhar com inflação, queria operar na Bolsa. Como não havia oportunidade naquele momento na área, resolvi estudar no exterior: fiz um curso de seis meses nos Estados Unidos basicamente para melhorar meu inglês e cursar algumas matérias em uma faculdade norte-americana. Quando voltei, em 1995, consegui ir para o departamento de ações do BBM, primeiro como estagiário, depois como analista. Naquela época, o mercado era bem diferente do que é hoje. Quem era disciplinado e conseguia analisar os fundamentos das empresas levava vantagem em relação aos con-

* Quando saiu do Pactual, Guilherme Linhares ajudou a fundar a gestora JGP, hoje comandada por André Jakurski.

correntes, porque a maioria dos investidores tinha uma formação mediana e só operava no curtíssimo prazo.

Saí do BBM em 1996 para montar uma gestora própria, com outro analista do banco, Flávio Stanger: a Trust Asset Management. Tentamos por nove meses, mas não deu certo. Não era a hora e, além disso, éramos muito inexperientes. Ele foi para o banco Modal, e acabei indo junto. Fiquei apenas três meses lá e voltei para o BBM, para operar ações em plena crise da Ásia, em 1997. Fui evoluindo e, em 2002, me tornei responsável pela mesa de bolsa na tesouraria do banco. Foi um período muito bom. Chegamos a ficar cinco anos sem ter um único mês negativo em bolsa. Corri menos risco do que deveria — e hoje me arrependo de não ter ousado mais, porém na época não tinha a consciência de que as oportunidades eram tão boas. Em 2008, a equipe da tesouraria assumiu a gestora do banco, sob o comando de Rogério Xavier. Em 2010, Rogério e alguns outros diretores do banco decidiram sair e fundaram a SPX. Eu acabei ficando no BBM, porque tinha construído um relacionamento com os clientes e assumido compromissos que não me permitiam sair naquele momento. Mas, depois de dois anos e após cumprir meus acordos, saí e fui para a SPX, como sócio responsável pela área de bolsa.

Meu estilo de gestão é analisar os preços das ações nos mercados e comparar com os fundamentos das empresas para encontrar oportunidades. É importante ter uma margem significativa de segurança na diferença entre o valor que projetamos para o ativo e seu preço naquele momento — e saber explicar muito bem por que nossa análise difere da média do mercado. Afinal, se o valor que calculamos é um e o preço da ação na bolsa é outro, temos uma visão distinta da maioria dos investidores. Caso existam catalisadores claros para destravar essa valorização, melhor ainda. Na SPX, também temos um senso muito ajustado do tamanho do risco que podemos correr, seja em relação a nossa convicção quanto à oportunidade, seja em relação ao risco total, para que os erros, que sempre acontecem, não tenham um efeito devastador nas nossas estratégias. Por outro lado, se um investidor comprar apenas o que é seguro e consensual, terá um retorno medíocre. Portanto, é fundamental pensar de forma diferente da maioria e arriscar nos momentos certos.

Um livro de que gosto muito é *Só os paranoicos sobrevivem*, de Andrew Grove, que foi presidente da Intel. Apesar de falar sobre empresas, traz ensinamentos e analogias importantes para a vida. Incentiva a busca de melhoria contínua e a ampliação de conhecimentos num ambiente de transformações disruptivas. Sucesso gera complacência, complacência gera fracasso, só os paranoicos sobrevivem. O mercado financeiro está cheio de profissionais muito bons, muito mais inteligentes que eu, com os incentivos corretos. Só consegue se destacar quem trabalha duro e está atento, bem informado, antenado o tempo todo e sempre se aperfeiçoando, lendo e aprendendo.

Uma frase do filme *Margin Call* de que gosto muito é: "Existem três maneiras de ganhar a vida neste negócio: ser o primeiro, ser o mais inteligente ou trapacear". Obviamente, por questões éticas, morais e legais, nunca aceitaremos trapacear. Nunca. Nunca. Nunca. Portanto, estudar para aumentar o conhecimento e a inteligência e trabalhar para chegar primeiro é importante. Em determinadas situações, apenas fazer a pergunta correta antes dos outros, mesmo sem saber a resposta, pode produzir excelentes resultados.

Eu tenho família e não abro mão de ficar com ela, mas quase nunca desligo. Sei que não é o ideal, mas é a realidade. Sou estressado, porém não vejo como funcionar de outra forma. Minha maneira de relaxar um pouco é praticar esportes, ler textos que não tenham a ver com finanças e principalmente ficar com os familiares.

Além de trabalhar duro, eu e os outros gestores da SPX costumamos ser céticos ao investir. Desconfiamos do senso comum e tentamos buscar mais informações que a média e em diferentes fontes para montar as teses de investimento. Também damos muito valor ao cenário macroeconômico, porque estamos no Brasil. Quanto pior o país, maior é a importância do cenário macro para os investimentos e a dificuldade para neutralizar esse risco, principalmente quando não há muito mais que duzentas empresas para investir. Por exemplo, de quatro em quatro anos, a cada eleição, acabamos por discutir se o país vai passar por um grande estresse ou não. É vital entender em que momento do ciclo estão a economia, os mercados e as empresas. Só então podemos alocar risco de forma prudente, utilizando o conhecimento e a experiência de ciclos semelhantes passados.

Também é importante monitorar o cenário macro para controlar o risco dos investimentos. Não basta ter uma projeção sobre quanto a economia deve crescer ou como devem ficar os juros. É necessário analisar para onde estão indo os fluxos de investimento e a liquidez de cada segmento do mercado. Tento entender o que os outros investidores estão pensando e fazendo, e levo isso em conta na hora de montar uma posição e alocar risco. Se sinto que estou numa maré complicada, errando bastante, provavelmente não estou entendendo bem o mercado. Nesse caso, deveria operar com menos risco. Respeito demais isso. Também acho muito importante rever os erros, aprender com os fracassos e seguir em frente.

Nunca precisei usar *stop* ao investir.* Esse mecanismo pode ser um problema no Brasil, porque o mercado é descontínuo, os preços variam demais de acordo com ruídos e nem sempre há liquidez. Idealmente, uma posição deveria ser zerada quando atinge seu preço-alvo, quando a tese está errada, quando o cenário muda (*stop* de cenário) ou ainda para tornar disponíveis recursos para aplicar numa oportunidade melhor que a atual. Para fazer isso, preciso ter uma parte da carteira em investimentos líquidos que possam ser vendidos com rapidez se eu quiser — ou precisar. Um erro não pode estragar todo o desempenho do fundo. Como dizia o economista inglês John Maynard Keynes: quando minha informação muda, eu altero minhas conclusões. O que você faz, Sir?

O ano de 2015 foi muito bom para a SPX.** Foi quando começou o segundo mandato da ex-presidente Dilma Rousseff. Achávamos que o governo ia dar errado. As consequências dos erros da política

---

* O *stop* é uma programação automática de venda de um ativo quando ele atinge determinado preço. Pode ser usado para limitar perdas, quando os preços estão caindo (*stop loss*); ou para realizar lucros (*stop gain*).

** O Falcon, maior fundo de ações da SPX, rendeu 6% em 2015, enquanto o Ibovespa caiu 13,3%. Já o multimercado Nimitz rendeu 27,3% naquele ano, mais que o dobro do CDI.

econômica dos anos anteriores estavam claras: preços públicos fora do lugar e inflação acelerando; câmbio artificialmente sobrevalorizado e déficit externo elevado; juros abaixo do equilíbrio; empresas e consumidores alavancados; estatais e bancos públicos com problemas; déficits fiscais gigantescos e contas nacionais maquiadas. A economia funcionava com baixa produtividade e alocando mal seus escassos recursos seguindo os sinais e incentivos do governo.

Antes da eleição, o Banco Central havia vendido dólares para segurar o câmbio e ajudar a controlar a inflação — e a reeleição. Acreditávamos que isso iria explodir em 2015, como de fato aconteceu.* O fato de a ex-presidente ter escolhido um bom ministro da Fazenda, Joaquim Levy, era um disfarce que não duraria por muito tempo, na nossa opinião. Para completar, o cenário externo parecia estar um pouco mais difícil, com a economia chinesa crescendo menos e os bancos centrais dos países desenvolvidos anunciando que começariam a retirar os estímulos à atividade econômica. Ao traçar essa visão pessimista, que infelizmente para o país se concretizou — vale lembrar que entramos em recessão em 2015 —, tivemos bons retornos com a alta do dólar e dos juros. Em bolsa, fomos conservadores e conseguimos ganhar dinheiro também, apesar de muitas ações terem caído. Esse desempenho nos deu um colchão para aproveitar a recuperação do mercado com o impeachment de Dilma, em 2016.

Humanos versus máquinas

A Bolsa brasileira cresceu entre 2003 e 2010, mas, depois disso, ficou praticamente estagnada, tanto em número de empresas abertas como em volume de negociação. E estagnou em patamares baixos, numa comparação internacional. Assim, para operar no Brasil, é preciso adaptar-se a uma liquidez pequena. Isso é um desafio quando se tem muitos recursos sob gestão, como é meu caso. Eu também

* A inflação medida pelo IPCA fechou 2015 em 10,67%. O dólar valorizou quase 50% e terminou aquele ano perto dos quatro reais.

invisto no exterior, não apenas por conta dessa limitação, mas para agregar valor ao fundo e diversificar risco. Quando faço uma análise macro, olho também o mercado externo, porque as economias são entrelaçadas, e os fluxos de investimento, globalizados. Faz todo sentido usar isso para tentar gerar retornos lá fora também. No entanto, o ambiente é bem mais competitivo, e concorremos com gestores mais especializados que nós nesses mercados. Assim, para investir com sucesso no exterior, tentamos buscar grandes tendências não precificadas pelo mercado ou situações em que conseguimos gerar alguma informação específica igualmente não precificada. Muitas vezes, é preciso ter ainda mais paciência na alocação de risco do que aqui.

Além dos gestores tradicionais, hoje competimos com os fundos quantitativos, que usam algoritmos e outras programações para tomar decisões de investimento. Com uma presença relevante lá fora, esses fundos mudaram completamente o mercado e o *price action* das notícias. É muito difícil ganhar de um algoritmo numa transação de curtíssimo prazo. Nos Estados Unidos, apenas 10% do volume de negócios é formado por ordens ativas de compra e venda de ações, ou seja, feitas por um gestor. O restante são ordens de fundos passivos e de estratégias quantitativas. No Brasil, a presença dos robôs é menor, mas existe e está crescendo depressa.

Uma das habilidades de um gestor é saber identificar padrões nos mercados, setores e empresas que investe. Essa leitura de padrões é baseada em sua experiência e análise profunda do passado a partir da aplicação de conceitos e ferramentas multidisciplinares. Com isso, ele entende ou monta cenários probabilísticos do futuro. Mas as estratégias quantitativas estão cada vez mais preparadas para interpretar e analisar uma enorme massa de dados e ler padrões. No limite, o Google poderá ser nosso competidor no futuro.

Ainda vejo espaço para os humanos conseguirem um diferencial nas análises de prazo mais longo e que envolvam situações complexas e excepcionais. Enquanto o componente humano for importante na alocação de risco e funcionamento dos mercados e das economias, nós, gestores, ainda poderemos gerar retornos acima do risco para nossos sócios e clientes. Em alguns anos, porém, provavelmente os melhores gestores serão aqueles que conseguirem usar as ferramentas computacionais e quantitativas e adicionar suas habilidades ao processo.

Excesso de informação e ruído

Hoje, há muita informação circulando. O lado bom é a maior transparência: quando comecei a trabalhar, era difícil conseguir acesso até mesmo ao resultado das empresas. O lado ruim é que uma grande parte do que circula hoje é ruído ou dados sem valor.

Para dar conta de analisar toda essa quantidade de informações — e selecionar o que faz sentido —, meu dia de trabalho é bastante longo. Acordo às 4h30, não para investir, mas para ler. As primeiras horas da manhã são o melhor período para isso porque há menos distrações. Consigo me concentrar por mais de duas horas — extremamente proveitosas — sem interrupções. No trabalho, lemos o dia inteiro, mas a produtividade é menor, e a capacidade criativa também. Por outro lado, a troca de ideias é muito importante. Não preciso saber tudo, mas preciso saber — e entender — o que é relevante. Com isso, consigo me concentrar nos assuntos e nas áreas sobre os quais tenho conhecimento e estimar os preços dos ativos para decidir em que, quanto e quando vou investir, sempre com muita paciência e esperando as boas oportunidades. Além disso, é importante separar os ruídos: com frequência, circula muita informação que não faz sentido nenhum, então, se consigo analisar os fundamentos e o valor relativo dos ativos e entender como o mercado está precificando, posso gerar retornos operando esses ruídos e deslocamentos das tendências.

Em geral, trabalho até as 20h. É intenso, mas ao mesmo tempo prazeroso porque, durante minha vida, sempre tive a oportunidade de fazer o que gosto e trabalhar com pessoas capazes e determinadas. Uma das coisas que aprendi ao longo desses anos é que todo gestor de equipes deve se cercar de pessoas mais inteligentes que ele e dar autonomia para elas. O que realmente me ajuda a dar conta do dia a dia é fazer exercícios. Corro e malho de duas a três vezes por semana, por mais de uma hora. É suficiente para manter corpo e mente sãos. Comecei a ter uma rotina de exercícios físicos, e também a controlar melhor a alimentação, há uns sete anos, depois de muito tempo sem tomar conta de minha saúde. Achei que estava a caminho de um infarto. Não era nada, mas o médico disse que, se continuasse como estava — acima do peso, sem atividade física, tomando muito café e sob estresse constante —, poderia morrer em cinco anos.

Um ponto complicado de operar no Brasil é o fato de a legislação brasileira ser muito frouxa no que diz respeito à informação. É comum que executivos de empresas passem informações a pequenos grupos de pessoas, em vez de divulgar para o mercado. Pode nem ser por mal, mas cria uma assimetria que não deveria existir.

O simples é melhor que o complicado

As situações em que mais ganhei dinheiro, no BBM e na SPX, foram quando as teses eram simples, e também quando investi em áreas sobre as quais tinha conhecimento e processos construídos e testados. Muitas vezes, conseguimos as respostas que muitos investidores não têm simplesmente porque, por preconceito, falta de esforço ou medo, eles não fazem as perguntas certas. Evitar erros idiotas faz uma enorme diferença no médio prazo.

Existem duas categorias de perguntas e respostas: as fáceis e as complicadas. Exemplo: quais serão as fintechs ganhadoras no sistema financeiro brasileiro? Não sei, mas consigo concluir que o setor bancário irá atravessar um período de grande incerteza em termos de competição e desempenho futuro. Portanto, suas ações deveriam ser negociadas com um desconto maior, e os investidores deveriam saber que há mais risco nas projeções de resultados. Considerando a alta rentabilidade do setor, o baixo custo de capital dos novos entrantes (muitos têm acesso a fundos de venture capital e private equity) e os incentivos das fintechs para se concentrar no crescimento e na conquista de clientes, os retornos dos bancos no futuro devem ser menores que os atuais.

Com esse exemplo, quis mostrar que o ideal é começar analisando as questões mais fáceis e que, de preferência, estão no radar de poucos investidores. Um exemplo disso foi a nossa decisão de comprar títulos patrimoniais da antiga Bovespa e CBLC em 2007.* Achava que, em algum momento, a Bovespa abriria o capital, como estava acontecendo com várias outras bolsas pelo mundo. Não sabia quando, mas sabia que, se isso acontecesse, os títulos valeriam muito mais. Então era uma relação risco-retorno que valia a pena. Depois de um tempo, outras pessoas passaram a enxergar esse cenário e a comprar, e eu também continuei comprando. Na minha planilha, achei que ganharia de três a quatro vezes o que havia investido. Quando a Bovespa abriu o capital, em 2007, no meio daquela euforia com o Brasil, ganhei mais de dez vezes. Como gosto de dizer, quanto mais trabalho, mais sorte tenho.

Depois que isso aconteceu, os investidores passaram a prestar atenção à Bovespa e à BM&F, e os analistas projetavam um crescimento exponencial para as companhias, o que achávamos absurdo. Nosso ceticismo com as projeções e o cenário macroeconômico embutido nos preços das ações entrou em cena, e passamos a vender. Ou seja, ganhamos na ida e na volta.

Outro *trade* bacana e de certa forma baseado em perguntas e respostas simples foi comprar títulos de dívida da Petrobras em 2015. Na época, havia uma descrença muito grande em relação à empresa, que estava bastante endividada, atolada em investimentos que não faziam sentido e com a reputação arrasada por causa dos escândalos de corrupção. Poucos investidores queriam adquirir seus títulos, com medo de calote, então os rendimentos tinham subido de duas a três vezes, e os papéis eram negociados perto de 60 centavos por dólar de valor de face. Nós achávamos que o governo honraria a dívida

* A Bolsa de Valores de São Paulo (Bovespa) se fundiu à Bolsa de Mercadorias & Futuros (BM&F) em 2008. A empresa resultante se fundiu à Cetip, empresa de registro e liquidação de ativos financeiros, em 2017, criando a B3. A Companhia Brasileira de Liquidação e Custódia (CBLC) é o órgão responsável por custodiar, liquidar e garantir operacionalmente as transações que são realizadas na Bolsa.

da Petrobras porque, ainda que a situação fosse complicada, não era impossível de resolver: bastava vender ativos (e a empresa contava com bons ativos para vender), mudar as regras de investimentos e rodar a política de preços de combustíveis em níveis compatíveis com o mercado internacional. Mesmo uma capitalização, que não precisava ser tão grande assim, era bem menos custosa do que os efeitos negativos diretos e indiretos que a quebra da Petrobras teria sobre a economia brasileira e o sistema financeiro nacional. Tudo isso começou a acontecer quando mudou a gestão da empresa. Apostamos nisso e ganhamos dinheiro.

O que faz uma equipe de investimentos ter sucesso no longo prazo são a qualidade das pessoas que fazem parte do time, a robustez dos processos e o foco na gestão. Não precisamos pensar igual, gostar das mesmas coisas na vida privada e muito menos trabalhar da mesma forma. Mas devemos ter os mesmos valores: acreditar no trabalho árduo num ambiente colaborativo; manter uma conduta ética todo o tempo; ser honesto intelectualmente nas discussões; e demonstrar uma vontade contínua de aprender e adquirir conhecimento. Não pode ser apenas pelo dinheiro. Se for só por isso, não vai dar certo. Deve ser também pelo desafio de buscar ser o melhor e o mais consistente. Queremos deixar um legado que se perpetue. Hoje temos a certeza de que, juntos, conseguimos construir algo mais poderoso do que cada um faria trabalhando separadamente.

OS PRINCIPAIS CONSELHOS DE LEONARDO LINHARES

Sobre trabalho e investimentos

1 **Seja cético ao investir**
Vale a pena desconfiar do senso comum e buscar arduamente por mais informações. Analise os fundamentos de longo prazo das empresas e procure encontrar uma margem de segurança nos seus investimentos.

2 **Dê importância ao cenário macroeconômico e aos ciclos**

Estamos no Brasil: aqui, o ambiente político e econômico pode ter um peso relevante sobre o retorno dos investimentos. Entender em que ponto do ciclo da economia e das empresas estamos é muito importante. Experiência e conhecimento da história econômica e financeira ajudam muito. "A história não se repete, mas rima."

3 **Analise os riscos de cada investimento**

Não se concentre apenas na possibilidade de retornos positivos, mas também no tamanho e na probabilidade de perder dinheiro. Erros sempre acontecem, mas não podem arruinar seu patrimônio. Só invista quando a relação risco-retorno for suficientemente adequada. Aprenda com seus erros.

4 **Trabalhe duro**

Existe muita informação circulando. Um investidor não precisa saber tudo, mas deve entender o principal e saber separar o que é ruído do que é relevante. Chegar na frente é importante.

5 **Prefira as teses simples**

Existem duas categorias de perguntas: as fáceis e as complicadas. Começo analisando as questões mais fáceis, sobre as quais tenho conhecimento e, de preferência, que estão no radar de poucos investidores.

6 **Valorize as pessoas**

Procure trabalhar com pessoas éticas, comprometidas e mais inteligentes que você. Dê autonomia e os incentivos corretos e você será frequentemente surpreendido de forma positiva.

SUGESTÕES DE LEITURA

Margin of Safety

Seth A. Klarman

"Li esse livro no começo da carreira. Em resumo, ele explora os conceitos do *value investing*. Mostra a importância de analisar a fundo um investimento e aplicar apenas quando a relação entre risco e retorno for favorável de fato."

Manias, pânicos e crises: A história das catástrofes econômicas mundiais
Charles P. Kindleberger e Robert Z. Aliber
"Uma história detalhada e bem-humorada de crises financeiras que remontam ao século XVII."

Den of Thieves
James B. Stewart
"Conta a história completa do escândalo do uso de informações privilegiadas nos anos 1980 em Wall Street. Mostra o gênio Michael Milken e os homens que cometeram esses crimes, além da perseguição que finalmente os levou à Justiça. É uma narrativa muito agradável."

Só os paranoicos sobrevivem: Como tirar proveito das crises que desafiam empresas e carreiras
Andrew S. Grove
"O ex-CEO da Intel conta sua teoria sobre as abruptas mudanças de mercados e como se preparar para elas, assumindo uma postura quase que paranoica na busca de seus sinais e evidências remotas para tirar o máximo de proveito das crises."

Quando os gênios falham: A ascensão e a queda da Long-Term Capital Management (*LCTM*)
Roger Lowenstein
"O livro trata do surgimento e da quebra do LCTM, que já foi um dos fundos mais rentáveis e admirados do mundo. Além de muito bem escrito, descreve com precisão os eventos daquele ano com grandes ensinamentos para a gestão de liquidez, risco e ganância."

Principles for Navigating Big Debt Crises
Ray Dalio
"Por meio de uma extensa análise histórica e inovadora, fornece um *framework* para entender as crises e encontrar respostas sobre elas."

CAPÍTULO 7

Márcio Appel

Fundador da gestora de fundos Adam

Quando criança, o sonho de Márcio Appel era trabalhar na Nasa, o que o levou a estudar engenharia aeronáutica no ITA, em São Paulo. No começo da faculdade, percebendo que "não era inteligente o suficiente", mudou de curso, para engenharia eletrônica. Decidiu ir para o mercado financeiro depois de ler uma reportagem sobre o banco Garantia — e os bônus pagos pela instituição. Começou a carreira no banco Bozano, Simonsen, primeiro na área de privatizações e, em seguida, na tesouraria. Quando o Bozano foi vendido ao Santander, trabalhou na tesouraria e também chefiou a gestora de recursos do banco espanhol. Em 2008, foi para o Safra, onde criou o Galileo, um dos fundos multimercado mais bem-sucedidos do país. Em 2016, montou sua gestora, a Adam, que captou recursos de forma bastante rápida. Em 2019, tinha 28 bilhões de reais sob gestão. Seu principal fundo, o multimercado Adam Macro, rendeu 42% de maio de 2016 a fevereiro de 2019, bem acima do CDI, que ficou em 29% no período. Carioca que faz questão de morar no Rio de Janeiro, Appel tem 46 anos, é casado e pai de dois filhos.

Choque de realidade

Quando eu era garoto, queria trabalhar na Nasa. Por isso, minha primeira opção no vestibular foi engenharia aeronáutica no Instituto Tecnológico de Aeronáutica (ITA), localizado em São José dos Campos, interior de São Paulo. Na escola, sempre tirei notas boas sem grande esforço, então me achava muito inteligente. Mas, quando cheguei ao ITA, apesar do ótimo desempenho acadêmico, vi que havia pessoas muito melhores que eu. Pior: achei que não era inteligente o suficiente para conseguir entrar na Nasa. Decidi então mudar para engenharia eletrônica. Também gostava da área — fazia alguns softwares quando era criança — e achei que me daria oportunidades de emprego.

No último ano de faculdade, em 1994, li uma reportagem sobre os bônus do banco Garantia. O texto contava que o ano havia sido muito bom, e um profissional do banco havia ganhado 20 milhões de dólares.* Na época, eu fazia contas com base no salário médio que alguém com a minha formação ganharia e achava que nunca ia conseguir comprar um apartamento. Quando soube desse bônus, pensei: se eu ganhar 10% disso, estou feito. Parecia todo o dinheiro do mundo. Então decidi mudar para o mercado financeiro. Tomei outra decisão: voltar a viver no Rio de Janeiro, onde nasci. Eu voltava de São José para o Rio todo fim de semana. No início, fazia o trajeto de ônibus. Depois, passei a ir de carro e, às vezes, pegava carona. Depois de cinco anos, estava cansado dessa rotina e não queria morar em São Paulo.

Os bancos e as empresas que queriam contratar recém-formados no ITA iam até lá se apresentar e fazer palestras, e só fui atrás dos que tinham vagas no Rio. Acabei recebendo propostas do Citibank, da Promon e do banco Bozano, Simonsen.** Meu pai achava que eu

* Segundo informações da imprensa, reunidas no livro *Sonho grande*, de Cristiane Correa (Rio de Janeiro: Primeira Pessoa, 2013), o carioca Eric Hime, um operador com menos de trinta anos, ganhou um bônus de 20 milhões de dólares em 1994.

** O banco Bozano, Simonsen foi vendido ao Santander no ano 2000. Em 2013, Júlio Bozano, fundador da instituição, criou a gestora Bozano Investimentos com outros deveria ir para o Citi, mas escolhi o Bozano, porque era um banco menor. Achava que meu trabalho apareceria mais, e seria mais fácil progredir na carreira. Além disso, o lucro seria distribuído entre menos pessoas. O Bozano aplicou uma prova para 6 mil pessoas. Dos treze aprovados, onze eram do ITA, e eu era um deles. Entrei no programa de trainees.

Depois de seis meses, fui bem avaliado e me deram uma vaga na área de operações especiais, que cuidava da participação do Bozano nas privatizações então em andamento. O Bozano teve uma atuação muito ativa nas vendas de empresas estatais na década de 1990.* Era um trabalho muito intenso e, por vezes, inglório: varávamos a noite fazendo propostas e nem sempre ganhávamos. Faz parte do processo, mas é frustrante. Após alguns meses, essa vaga foi transferida para São Paulo, mas eu queria continuar no Rio. Pedi ajuda para um diretor do banco, e ele me arrumou uma vaga na tesouraria, que eu não tinha ideia do que fazia.

Na tesouraria, fui trabalhar na mesa de *brady bonds*, os títulos que haviam sido emitidos por países da América Latina depois da renegociação das dívidas, nos anos 1980 e 1990. Na área de privatização, levava dias — às vezes semanas — para descobrir se o trabalho havia dado certo. Na tesouraria, eu sabia minuto a minuto se estava ganhando ou perdendo, e gostei disso. Além disso, o banco estava passando por um processo de rejuvenescimento, com a contratação de pessoas mais novas e com boa formação. Na tesouraria, estava em curso uma mudança de gerações, então havia oportunidades para os jovens. Era possível se destacar cedo. Eu tinha 25 anos e administrava uma carteira de 1 bilhão de dólares em *brady bonds*, algo impensável hoje para alguém dessa idade. Roberto Campos Neto, que atualmente é presidente do Banco Central, trabalhava ao meu lado.

---

sócios. Um deles era Paulo Guedes, que deixou a sociedade quando se tornou ministro da Economia, em 2019. A Bozano mudou de nome para Crescera Investimentos.

* Júlio Bozano chegou a ser conhecido como o "rei das privatizações". Junto com fundos de pensão, assumiu o controle da fabricante de aeronaves Embraer quando ela foi privatizada, em 1994. Também comprou o banco Meridional e participações relevantes nas siderúrgicas CST, Cosipa e Usiminas.

Seis meses depois, eu já tinha dinheiro para comprar um apartamento. O banco estava satisfeito com meu desempenho, e eu também — na maior parte do tempo. Sempre me comparei com os outros. Quando contrastava o meu desempenho com o daqueles operadores brilhantes do Garantia, me sentia um fracassado. Se não conseguia o mesmo que eles, a culpa era minha. Acho essa uma lição importante: o mundo não está contra você; não existe uma conspiração; se alguma coisa deu errado na sua vida — ou não saiu como planejado —, não fique procurando os culpados, porque a culpa é sua.

O "ônibus errado" que mudou a carreira

A década de 1990 foi muito rica em crises. Na da Ásia, em 1997, o Bozano perdeu dinheiro. O lado positivo foi que estava preparado, com pouco risco, quando veio a crise da Rússia, em 1998. No fim de 1997, decidiu comprar o banco Meridional, que era estatal, num leilão de privatização. Com essa operação, ficou claro para mim que a intenção era vender o Bozano. Banco de investimento ninguém queria. Mas o varejo bancário, que veio com o Meridional, interessava a outras instituições. No ano 2000, o Santander comprou o Bozano, e eu tive de ir para São Paulo. Estava quase casado, morando junto. Meu apartamento, comprado na planta, ficou pronto mais ou menos nessa época.

Continuei na tesouraria, só que num mercado diferente, de volatilidade de câmbio, que é bastante difícil de operar. Trabalhei nisso por um ano e meio. Em 2001, o setor de fundos de investimento começou a despontar. Era uma fração do que é hoje, mas eu achava que tinha espaço para crescer. O Santander me ofereceu o cargo de chefe da gestora de fundos do banco. A área não tinha o prestígio que tem hoje, mas achei um bom movimento. Criei o segmento de fundos multimercado, que o Santander oferecia para clientes de varejo, na rede de agências. Se hoje muitos investidores se assustam com volatilidade, imagine naquela época. Então colocávamos uma espécie de seguro nos fundos para limitar as perdas. O controle de riscos, por consequência, tinha de ser gigantesco. O modelo deu certo, e o Santander se tornou um dos maiores gestores de fundos multimercado do país naquela época.

Meu chefe era Henry Gonzales, que cuidava da gestora de recursos e do *private bank* da instituição. Não havia um responsável pela gestora, e existia uma disputa entre as pessoas que trabalhavam para Henry para se colocar como a primeira opção caso ele fosse promover alguém. O promovido acabou sendo Edvaldo Morata, que cuidava da parte comercial. Muita gente no banco achou que eu fosse pedir demissão por causa disso, mas fiquei lá e me dei bem com Edvaldo. Sempre arranjei muita confusão na vida, mas nunca com chefe. Em 2006, quando Edvaldo foi transferido para o Santander em Hong Kong, eu me tornei o *head* da unidade. Apenas um parêntese para explicar como é a vida num grande banco. Quando fui promovido, tive de ir para Madri, onde fica a sede do Santander. Não fiquei nem um dia lá. Cheguei, fui para o hotel, tomei banho, fui para o banco conversar com alguns executivos e voltei para o aeroporto. Para quê? Não faz muito sentido.

Fiquei oito anos no Santander. Estava lá quando os espanhóis compraram o Banespa, privatizado no final do ano 2000. Brinco que minha carreira mudou porque peguei um ônibus errado. Em 2007, acho, estava em Acapulco, na conferência anual do Santander, um evento a que era obrigado a comparecer. No aeroporto para voltar para São Paulo, encontrei João Tourinho, que era executivo do banco Safra, e viria no mesmo avião. Conversamos um pouco e, quando fomos embarcar, recebemos a informação de que o voo tinha sido cancelado. Tentamos, mas não conseguimos outro, então tivemos de passar a noite na Cidade do México. Um tempo depois, o Safra contratou uma advogada que atendia a *asset* do Santander. Liguei para Tourinho para parabenizá-lo pela contratação e ele disse: "Você não quer vir também?". E eu: "Depende das condições". Acabamos nos acertando, e fui.

O projeto do Safra, quando me contratou, era recriar o fundo

Verde dentro do banco para atrair clientes.* Considerei uma oportunidade incrível. O Verde sempre foi uma inspiração. Além disso, poderia correr mais riscos que no Santander, porque o fundo seria oferecido aos clientes do Safra, que eram mais sofisticados. Se eu fizesse um bom trabalho, com essa liberdade, poderia me diferenciar e ter uma posição de destaque no mercado. Assim surgiu o fundo Galileo, no final de 2008.** No período em que estive no Safra, até 25 de outubro de 2015, o rendimento do fundo foi de 200%, enquanto o CDI ficou em 95%. Uma das condições que a família Safra colocou, na minha ida para lá, foi que eu seria responsável pela gestão do fundo. Não seria apenas o CEO da *asset*, que poderia trocar o gestor se o fundo não estivesse indo bem.

Alguns dos principais investimentos do fundo foram no índice S&P 500, da bolsa de Nova York. Muitos gestores achavam que o índice estava caro, nós não, e acertamos. Também ganhamos comprando títulos públicos atrelados à inflação, a partir de 2014. Um ganho relativamente fácil foi a aposta na alta do dólar entre 2014 e 2015, que era um movimento de certa forma óbvio. Nunca tive um mercado predileto, nem uma direção preferida para operar. Ao longo do tempo, ganhei dinheiro em diferentes segmentos, com posições compradas e também apostando na queda de preço de diferentes ativos.

Eu me reportava a David Safra, que era muito novo na época, não tinha nem 25 anos, mas também incrivelmente capaz e inteligente. É raro uma pessoa ter tanta experiência tão jovem. Filho de pai rico não costuma ser grande coisa. Mas ele é diferente. Sua dedicação é impressionante. Cheguei a ter como regra não contratar filhos de pais ricos. Assumo que é preconceito, mas tendo a achar que o cara não vai se dedicar como eu gostaria, porque não precisa do trabalho.

---

* O fundo Verde é gerido por Luis Stuhlberger. Foi lançado na gestora Hedging-Griffo, em 1997. A Griffo foi vendida ao banco Credit Suisse. Em 2014, Stuhlberger fez um acordo com o Credit Suisse e montou sua própria gestora, a Verde, com alguns fundos que geria no banco. De 1997 a janeiro de 2019, o fundo rendeu mais de 16 000%. O CDI ficou em 2000% no período.

** O Galileo se tornou um dos fundos multimercado mais admirados e rentáveis do mercado brasileiro.

Acabei vendo que não dá para generalizar, porque contratei uns poucos que se saíram bem: eles queriam provar que conseguiam fazer algo por conta própria. E tiveram mais garra do que jovens numa situação econômica pior, mas que queriam aproveitar a vida. Aliás, o discurso da qualidade de vida, do equilíbrio entre trabalho e vida pessoal, é muito comum nos jovens. Brinco que deve ter uma matéria na FGV sobre isso. Para mim, é uma questão de escolha: quem aproveitou a vida aos 25 provavelmente vai aproveitar menos aos 45. Decidi me sacrificar um pouco aos 25 para viver melhor aos 45.

Investimentos em diferentes mercados, aqui e no exterior

Minha experiência, tanto no Santander como no Safra, foi muito rica. Mas um aspecto sempre me incomodou: o tempo que eu gastava com assuntos que não eram a gestão dos fundos, como reuniões, eventos, comitês de outras áreas. Numa reunião de que participam vinte pessoas, obviamente nada vai ser decidido. Porém, isso faz parte do ritual de uma grande corporação. Fora a politicagem interna: "se fulano for mesmo promovido, não vai vender mais meu produto", "como vai ser?", "vou me adiantar e me aproximar de sicrano". Acabei cansando.

Depois de um tempo, quando o Galileo passou a ser um fundo reconhecido, em razão do seu bom desempenho, algumas pessoas passaram a me perguntar por que eu ainda estava no Safra. Outros gestores haviam montado suas próprias casas e estavam indo bem. Mas não acho que tenha demorado para sair. Quando montei a Adam, decidi ter sete sócios. Se o patrimônio sob gestão fosse pequeno, não bastaria para remunerar adequadamente os sócios. Não faria sentido. Saí do banco quando achei que conseguiria um tamanho relevante. O plano era ter cerca de 10 bilhões de reais de patrimônio em dez anos, mas não demoramos para superar essa meta. A gestora foi criada em março de 2016. Em 2017, já tínhamos mais que 10 bi. Em 2018, chegamos perto de 30 bilhões de reais.

O escritório da Adam fica no Rio. Finalmente, depois de dezesseis anos na ponte aérea, me mudei definitivamente. Nunca cheguei a morar de fato em São Paulo. Na época do Safra, alugava um quarto de hotel por longa temporada. Mas ia e voltava quase todo final de semana.

Quando abri a Adam, Luis Stuhlberger e Rogério Xavier estavam muito pessimistas.* Achavam que o mundo ia acabar, porque a presidência da Dilma Rousseff estava levando o país para um caminho complicado. Havia outros analistas com um viés bastante negativo. Mas eu achava que haveria uma solução para o país e que o real se valorizaria. Por isso, montei uma posição vendida em câmbio (ou seja, apostando que o dólar cairia). Isso acabou acontecendo com o impeachment de Dilma, e ganhamos um bom dinheiro.**

Não existe uma fórmula única para fazer bons investimentos. O meu estilo é uma combinação de alguns fatores. Um deles, que já mencionei, é operar em diferentes mercados e não ter preferências. Outro é evitar ouvir as opiniões de analistas e gestores. Isso atrapalha, porque todo mundo tem um viés. Temos uma tendência de ver como mais provável aquilo que gostaríamos que acontecesse, e não a realidade. É preciso se livrar desse viés, que vem naturalmente. Também acho que analisar a economia é simples: quem passar um fim de semana dedicado a isso resolve o problema. A dificuldade é transformar essa análise em retorno. Para isso, seguir o consenso não ajuda. Pelo contrário. Meu objetivo é ser diferente do restante do mercado e ganhar com isso, como aconteceu em 2016.

Outra característica minha é investir pensando no longo prazo. Não faço ideia do que vai acontecer no fim do mês, e isso não me importa. Além disso, tenho medo do que pode dar errado. Por essa razão, procuro construir um portfólio equilibrado, que proteja o fundo caso o cenário que tracei esteja errado. Minha preocupação número um é não morrer. A segunda é ganhar dinheiro.

---

* Stuhlberger e Xavier estão entre os gestores de fundos mais renomados do país. Xavier é fundador da gestora SPX, e Stuhlberger, da Verde.

** O Adam Macro, principal fundo da gestora, rendeu 16,5% de maio a dezembro de 2016. O CDI ficou em 9,3%.

Na Adam, temos comitês mensais de acompanhamento dos dados econômicos. Uma vez a cada seis meses, fazemos uma varredura global, em que analisamos dezoito países. Essa avaliação não fica restrita à área econômica — a equipe de gestão também participa. Temos ainda comitês de ações, responsáveis por analisar empresas e setores específicos, e outro que analisa commodities. As reuniões são semanais, e sempre há alguma apresentação: sobre uma empresa, um preço fora do lugar, um país que chamou a atenção. Isso pode dar origem a um investimento ou não. Mas trata-se de um encontro muito produtivo, em que discutimos ideias e temos acesso a informações úteis. Nesse tipo de reunião, sinto que meu tempo está sendo bem aproveitado.

Todo mundo participa das decisões de investimento, mas as posições são únicas, da gestora. Não existe a posição de um ou outro profissional. Com isso, conseguimos montar uma estratégia integrada. Em determinadas situações, faz sentido ter um investimento como proteção — por exemplo, que provavelmente vai render pouco. Se uma pessoa fosse responsável por esse investimento, poderia ser prejudicada na hora da avaliação de desempenho, porque teria um retorno ruim. Do jeito como fazemos, ninguém fica com o ônus de carregar uma posição ruim, desde que exista um objetivo comum.

"É melhor deixar o orgulho de lado"

Mas, claro, nem sempre a estratégia dá certo. O ano de 2018 foi complicado. Meu cenário-base no início do ano era que a reforma da Previdência seria aprovada, o país voltaria a crescer, e a esquerda não conseguiria se recuperar, porque estaria claro que o outro modelo econômico era melhor. Mas houve dois eventos aleatórios: a gravação do então presidente Michel Temer com Joesley Batista, que desviou o foco da reforma, e a greve dos caminhoneiros, que foi o golpe de misericórdia na economia. Ou seja, os fundamentos mudaram. Nossos investimentos internacionais continuaram com um bom desempenho, mas as aplicações em juros no Brasil sofreram.* O que atrapalha não é nem a volatilidade, e sim eventos relevantes que não são determinados pelo fundamento econômico. Cometi inúmeros outros erros. Um deles, também em 2018, foi ter apostado na queda das ações da Netflix logo no início do ano. A empresa desacelerou, mas levou seis meses a mais do que projetávamos, então perdemos cerca de 70% do investimento. Mas faz parte: não dá para acertar sempre. Além disso, era um investimento pequeno e, portanto, teve um impacto limitado sobre a performance do fundo. O importante é correr riscos calculados, para que os erros não aniquilem o fundo.

Investir em ações no exterior foi uma prática que incorporei à estratégia dos fundos ao longo do tempo. No início, aplicava apenas em índices como o S&P 500. Para fazer esses investimentos, partimos de uma análise *top down*, ou seja, avaliamos o cenário macro e tentamos identificar tendências estruturais de longo prazo. Em seguida, procuramos as empresas que podem se beneficiar dessas tendências, vemos se o preço faz sentido e, em caso positivo, compramos. Para isso, precisamos contar com a nossa capacidade de leitura do cenário global. Ganhamos investindo nas ações da Amazon, que é um gigante difícil de parar. Mas não gostamos da Apple, porque achamos que o mercado de celulares está saturado.

Uma característica muito importante no meio profissional é ser resiliente. Errar alguns investimentos faz parte. Engolir sapo também. Aprendi que é melhor deixar o orgulho de lado e tomar decisões racionais para atingir objetivos de longo prazo. Quando meu colega foi promovido no Santander, aguentei firme, e valeu a pena. Outra é ter foco no trabalho. Acordo cedo, normalmente às cinco e pouco. Programo o despertador, mas acordo sozinho. Há uns dois anos, comecei a jogar tênis de manhã. E jogo mal, perco de forma constante. É meu único hobby. Depois do tênis, vou para a Adam e trabalho até a noite.

---

* O Adam Macro terminou o ano com um rendimento de 5%, inferior ao CDI, que ficou em 6,4%.

A grande preocupação

O modelo de sociedade da Adam é diferente do de outras *assets*. A maioria dos executivos sêniores é sócia, e distribuímos dividendos todos os meses de forma proporcional à participação na sociedade: quem tem 1% recebe 1% do lucro. É simples, não tem discussão. A pessoa sabe exatamente qual vai ser seu dividendo, não precisa se preocupar com isso. E essa participação é fixa, não muda mais. Também não existe a possibilidade de aceitarmos novos sócios. Quando montamos a Adam, decidimos que os demais profissionais seriam remunerados de acordo com o desempenho. A empresa gera caixa, então eu pago — não preciso transformar ninguém em sócio para oferecer uma remuneração adequada. A Adam é tributada pelo lucro real, assim, não tenho vantagem fiscal de distribuir dividendos, como acontece com *assets* que são tributadas pelo lucro presumido.

Se um sócio sai da empresa, tenho a opção de recomprá-lo por um valor que é um múltiplo do lucro da Adam. Esse valor vai aumentando com o tempo. O objetivo é que todos estejam comprometidos em fazer a gestora crescer. Como tenho capacidade econômica, eu mesmo posso comprar a participação, não precisamos usar recursos da empresa.

Penso muito em como a Adam estará daqui a dez ou vinte anos. Sou naturalmente preocupado, mas isso me tira o sono. Tenho o desejo de deixar a empresa para os meus filhos. É um negócio muito bom. Sei, no entanto, que a taxa de mortalidade de gestoras no Brasil é alta. Tenho dois filhos, um menino e uma menina, e a Adam precisa prosperar até que eles tenham idade para assumir. Uma empresa comandada pelos donos é diferente. O resultado anual importa, claro, o bônus também, mas o proprietário quer a perenidade da companhia. Existem executivos muito bons que conseguem tocar negócios com espírito de dono, mas são raros.

O maior desafio é fazer a transição para a geração seguinte. Algumas famílias foram capazes de fazer essa transição, outras não. Existe a loteria genética. Ainda assim, acho possível educar os filhos para isso. Deve ser uma educação rígida, que deixe claro que eles terão de se esforçar na vida. O objetivo é evitar a síndrome do pai rico.

Acho que ganhei a fama de ser um cara difícil de trabalhar por causa da minha postura no início da carreira. Tinha vontade de aparecer, de ser notado, e considero essa uma característica positiva. O meu pensamento era: "O que eu vou fazer hoje para o pessoal de cima perceber que eu sou melhor do que o resto?".

Obviamente, isso gera problemas. Mas, quando virei chefe, muita gente quis trabalhar para mim e continuou comigo por longos períodos. Na Adam, o *turnover* é zero. Para mim, a prova de fogo é essa."

OS PRINCIPAIS CONSELHOS DE MÁRCIO APPEL

Sobre carreira e investimentos

1 **Ignore as opiniões de consenso**
É melhor analisar os dados disponíveis e tirar as próprias conclusões para decidir onde vale a pena investir.

2 **Saiba que não existe uma fórmula única**
Há diferentes maneiras de ganhar dinheiro com investimentos. Descubra a que se adéqua a seu perfil.

3 **Seja resiliente**
Perder dinheiro faz parte. Não deixe o orgulho pautar suas ações. É preciso tomar decisões racionais para atingir os objetivos estabelecidos.

4 **Preocupe-se com o que pode dar errado**
É importante montar uma carteira de investimentos equilibrada, limitando as perdas caso algo não saia como planejado. "Minha preocupação número um é não morrer. A segunda é ganhar dinheiro", explica Appel.

5 **Assuma a responsabilidade**
"O mundo não está contra você. Se alguma coisa deu errado na sua vida — ou não saiu como planejado —, não fique procurando os culpados, porque a culpa é sua", diz Appel.

SUGESTÕES DE LEITURA

Iludidos pelo acaso: A influência da sorte nos mercados e na vida

Nassim Nicholas Taleb

"O livro explora de maneira interessante a ideia do impacto de eventos aleatórios na vida."

Uma breve história da euforia financeira

John Kenneth Galbraith

"Como disse o escritor Mark Twain, 'a história não se repete, mas rima'. Para entender o mercado de investimentos hoje, é importante compreender os padrões de comportamento do passado."

The House of Rothschild

Niall Ferguson

"Em dois volumes, o autor conta a história da dinastia de banqueiros da família Rothschild e mostra como eles construíram um legado, num período bastante longo."

CAPÍTULO 8

Martin Escobari

Diretor-geral para a América Latina e chairman do comitê global de investimentos da gestora norte-americana de private equity General Atlantic

Nascido no interior da Bolívia e naturalizado brasileiro, Martin Escobari cursou economia na Universidade Harvard e fez MBA na Harvard Business School. Começou a carreira no Boston Consulting Group, em Nova York, e em seguida foi para a gestora brasileira de fundos de private equity GP. Foi cofundador do Submarino.com e ficou na empresa até ela abrir capital e se fundir com a Americanas.com para formar a B2W, em 2006. Depois disso, foi diretor da gestora Advent e, em 2012, virou diretor-geral para a América Latina da General Atlantic, que tem 31 bilhões de dólares sob gestão. Em 2018, assumiu também o cargo de chairman do comitê global de investimentos — é a primeira vez que alguém nascido fora dos Estados Unidos chega a essa posição. Entre um trabalho e outro, escreveu um livro de negócios, Sucesso Made in Brasil, *com Donald Sull. Tem 47 anos, é casado e pai de duas filhas.*

Uma temporada em Hogwarts

Nasci em Camiri, uma cidade na Bolívia que, em 1971, tinha cerca de 15 mil habitantes. Até hoje, é uma cidade ao redor de um acampamento de exploração de petróleo. Meus pais eram os médicos do acampamento. Quando eu tinha cinco anos, nos mudamos para Santa Cruz. Por sorte, depois de um tempo, minha mãe fez questão de colocar os filhos na escola norte-americana local, que tinha professores excepcionais, em parte pelo patrocínio das empresas petroleiras multinacionais. Mas era cara para minha família e, por isso, foi um sacrifício para meus pais.

Eu era péssimo aluno até chegar a essa escola. Passava de ano por pouco. O sistema norte-americano de estudo é menos decoreba e mais desafiador. Premia muito, dá medalhas, faz rankings, e eu entrei com tudo nessa corrida por incentivos. No começo, acho que era por insegurança. A maioria dos alunos vinha da elite, e eu, de uma família de classe média, sentia que tinha de me provar. Mas também passei a levar minha educação muito a sério.

Na época do colégio, sonhava em estudar nos Estados Unidos. Só havia um pequeno problema: a falta de dinheiro. Quando me formei, fui conversar com o diretor da escola, que me disse que as dez universidades da Ivy League davam bolsas para estrangeiros.* Resolvi participar do processo de seleção de todas — e, para minha surpresa, fui aceito em mais de uma. Como não conhecia ninguém que houvesse se formado nessas instituições — aliás, nunca havia ido aos Estados Unidos —, para decidir onde estudar, tomei como base um ranking que achei na revista *US News & World Report*. Yale era a primeira da lista em 1989. Disse para mim mesmo: "E para lá que vou".

No mesmo dia, me ligou alguém afirmando ser Ronnie Maclean, então prefeito de La Paz, que havia estudado em Harvard. Achei que era trote. Mas logo percebi que estava falando realmente com o prefeito. Ele disse: "Parabéns, soube que você vai para Harvard". Eu res-

* Ivy League é o grupo das mais prestigiadas universidades norte-americanas. Entre elas estão Harvard, Yale e Princeton.

pondi: "O senhor me desculpe, mas eu não vou para Harvard, vou para Yale". Ele replicou: "Não acho uma boa ideia. Venha ao Palácio do Governo que explico melhor. Estou mandando alguém te buscar". Fiquei deslumbrado por receber essa atenção do prefeito. Ele me contou sobre os recursos educacionais de Harvard e deu uma esculhambada em Yale. Foi tão persuasivo que mudei minha escolha.

Vinte anos depois, conheci Tamara Rogers, uma diretora de admissões de Harvard, já aposentada, que me contou por que eu havia recebido a ligação do prefeito. Foi ela quem pediu que ele me entrevistasse, para ver se meu inglês era bom o bastante. Ronnie disse que eu era 100% fluente, o que é estranho, já que só conversamos em espanhol.

Tinha dezessete anos quando cheguei a Harvard. Assim que as aulas começaram, pensei: "Caramba, sou o menos preparado da escola, e olha que são 1600 alunos por ano". Achei todos muito bem-arrumados, hiperpreparados e, como grande parte vinha das escolas preparatórias da costa leste dos Estados Unidos, já chegavam enturmados. Antes de ir para a universidade, tive que me apresentar para o serviço militar na Bolívia, então cheguei com a cabeça raspada. Imagine eu, que sou cabeçudo, chegando careca e inseguro por lá. Passei os primeiros quatro dias apavorado. No quinto dia, fui a um coquetel de boas-vindas para estudantes estrangeiros e encontrei um peruano que parecia ainda mais apavorado que eu. Só então relaxei.

Harvard foi espetacular. Sou muito grato e ainda me mantenho próximo, apoiando a instituição. A faculdade mudou a minha vida. É como a Escola de Magia e Bruxaria de Hogwarts, dos livros do Harry Potter. Você é bruxo? Não, mas depois de um ano em Harvard, você já se acha! Com o tempo, minha autoestima melhorou (e meu cabelo cresceu) e passei a acreditar que também poderia mudar o mundo. Eu tinha bolsa, que cobria o custo dos estudos, só que precisava de dinheiro para comprar roupas, ir ao cinema etc. Meus primeiros trabalhos foram limpando dormitórios e lavando pratos, até que descobri as Harvard Student Agencies. A universidade tem um conglomerado de empresas que fornecem serviços para a escola, operados por alunos após o horário escolar. Comecei como assistente administrativo e depois virei gestor. Passei a gostar de administração de empresas. Ou seja, minha primeira experiência no mundo dos negócios foi por necessidade.

Assim que me formei, me candidatei para fazer o MBA na Harvard Business School. Fui aceito, mas me deram a opção de tirar dois anos para trabalhar e, depois, retomar os estudos. Fui para o Boston Consulting Group, em Nova York.

O MBA também foi uma experiência boa, porém sem a magia de "Hogwarts". Todo mundo só pensava em dinheiro. Pobre da minha mãe, se soubesse. Meus pais foram comunistas na juventude e, ainda hoje, com quase oitenta anos, trabalham como médicos pediatras em hospitais públicos na Bolívia. Em casa, ficar pensando em dinheiro era malvisto. Afinal, há coisas bem mais importantes na vida.

Saindo da Harvard Business School, decidi trabalhar em fundo de investimento. Como esse mercado é muito pequeno na Bolívia, e nos Estados Unidos é supercompetitivo, pensei no Brasil. Um país acolhedor, com escala continental, rico em recursos e com um enorme potencial.

Comecei a procurar o grupo de investimentos mais bem-sucedido no Brasil, e me falaram da turma do banco Garantia, que, naquela época, estava comandando a gestora de fundos de private equity GP Investimentos.* Fiquei sabendo que um dos sócios da GP, Alex Behring, estava voltando para Harvard para recrutar brasileiros, e convidou alguns para um jantar no Charles Hotel. Liguei para ele e disse: "Alex, eu *soy* boliviano, falo português *pero no mucho*, mas *quiero* viver no Brasil". Ele foi gentil: "Na boa, a gente vai contratar só uma pessoa e não vai ser um boliviano, então nem precisa ir ao jantar". Mas fui mesmo assim e me apresentei a Alex: "Fica tranquilo que não vou jantar, só quero te ouvir". Acho que ele gostou do boliviano cara de pau, porque recebi uma oferta de emprego, com uma condição: "Você vai ter de fazer aula de português, porque seu portunhol não dá". Acabei arrumando uma tutora brasileira, Daniela, que

* Até ser vendido para o banco Credit Suisse, em 1998, o Garantia tinha entre seus principais sócios Jorge Paulo Lemann, Marcel Telles e Beto Sicupira.

era aluna de mestrado em Boston e aceitou me ensinar português. Depois de um tempo, começamos a namorar, casamos e estamos juntos até hoje. É o amor da minha vida.

É bolha? Tô dentro

Em 1998, eu tinha 26 anos e estava na GP havia alguns meses quando Beto Sicupira, um dos sócios da gestora, voltou de um tour pelo Vale do Silício. Ele disse para mim e para Antonio Bonchristiano, que hoje é co-CEO da GP: "Temos que investir na internet porque é uma bolha e precisamos fazer dinheiro nessa bolha!". Saímos comprando tudo, com a meta de investir 500 milhões de dólares. Eu me lembro de que, no terceiro mês, estava com um empreendedor argentino — nada contra, minha mãe é argentina, mas ele tinha uma autoestima exagerada. Sua ideia era montar uma farmácia on-line. Tinha feito um plano de negócios colorido de umas quarenta páginas, que era tudo de que dispunha, e com isso dizia que sua empresa valia 100 milhões de dólares. Antonio e eu chegamos à mesma conclusão: "Estamos do lado errado da mesa!". Em vez de investir em startups, deveríamos criá-las. Começamos com uma página em branco e decidimos que iríamos montar a Amazon.com do Brasil. Chamamos a empresa de Submarino.com, e a GP foi nosso primeiro investidor.

Durante minha vida no Submarino.com, tive diferentes funções. A primeira, em 1999, foi levar a empresa para fora do Brasil. Abri cinco filiais: Argentina, Portugal, Espanha, México e Estados Unidos. Passei um ano fazendo isso e, após o estouro da primeira bolha da internet, um mês fechando os escritórios. Foi muito traumático. Ficamos sem dinheiro quando o mercado secou para novas captações. Tivemos que separar os negócios B2B (vendas corporativas), reunidos na empresa Officenet, que havia sido comprada pelo Submarino, e fechar as operações internacionais. Fiquei três anos tocando a Officenet no Brasil até encaminhar sua venda para a Staples.

Após minha saída da Officenet, não havia espaço para voltar ao Submarino e fiquei desempregado. Pensei: "E agora, o que eu faço?".

Já havia percebido que o Brasil não era para amadores ou turistas. Para ter sucesso no país, eu tinha muito o que aprender. Por isso, quis estudar os grandes empreendedores brasileiros. Suspeitava que poderia tirar lições diferentes das que aprendi na Harvard Business School.

Convenci meu professor Donald Sull, de Harvard, a fazer uma pesquisa em conjunto. Decidimos analisar dez pares de empresas brasileiras: companhias que eram muito parecidas, até idênticas, mas, num determinado momento, uma começava a descolar e despontava, deixando a outra para trás. Por exemplo, quando olhamos Brahma e Antarctica, em 1988, a Antarctica era melhor. Dez anos depois, a Brahma comprou a Antarctica, que ficou com apenas 7% da companhia resultante, a Ambev. Claramente algo aconteceu nesse intervalo que levou a Brahma a ter um desempenho muito melhor. Há casos menos dramáticos, como Itaú e Unibanco: os dois se deram bem, mas o Itaú se sobressaiu. Essas histórias estão reunidas no livro *Sucesso Made in Brasil*, publicado pela Campus Elsevier em 2004.

O ponto principal do livro é que as mesmas lições básicas de negócio se aplicam a todas as empresas, em qualquer país. Gestão eficiente traz resultado; ter pessoas qualificadas alinhadas com projetos, com uma cultura robusta, faz bem à empresa. Mas no Brasil havia alguma coisa que ampliava a diferença na geração de valor entre uma empresa boa e uma ótima. A grande divergência de resultados vem de frequentes períodos de volatilidade máxima. Além de todos os problemas estruturais do país, a cada quatro a seis anos eclode uma crise interna — se não política, macroeconômica. Isso coloca um estresse terrível nas empresas e as divide em dois grupos. As que estão em boa forma, e bem capitalizadas, aproveitam a crise para consolidar seus mercados; já as menos preparadas perdem valor.

Depois dessa fase de pesquisa, voltei para o Submarino.com como CFO (vice-presidente financeiro), a fim de preparar a empresa para abrir o capital e diversificar suas operações. Fomos a primeira companhia brasileira de internet a fazer uma oferta inicial de ações na Bovespa (hoje B3). Isso aconteceu em 2005, e foi um momento de muito orgulho. O valor de mercado era de 250 milhões de dólares e, dois anos depois, quando houve a fusão com a Americanas.com para criar a B2W, a empresa estava avaliada em 1,6 bilhão de dólares. Concluída essa fase do negócio, saí do Submarino.com.

Foi um privilégio ter trabalhado perto de Jorge Paulo Lemann, Beto Sicupira e Marcel Telles na GP e no Submarino.com (onde eles investiram). Beto tem uma capacidade incrível de identificar mudanças de tendências rapidamente e agir com bastante voracidade. Muito do que está no livro *Sucesso Made in Brasil* é inspirado em ideias dele. O Brasil dos anos 1980 e 1990 era conturbadíssimo: teve várias moedas, hiperinflação, a volta da democracia. Esse período acabou criando empresários ph.D. em turbulência, uma habilidade que é muito útil nos dias de hoje. O mundo está mais volátil, os altos e baixos não são mais exclusividade dos países emergentes. A tecnologia e uma nova geração de empreendedores estão acelerando mudanças, destruindo algumas indústrias, criando outras, e as transformações passam de um mercado a outro com grande velocidade, porque os países estão mais conectados.

Jorge é um estrategista brilhante, dono de uma capacidade de síntese única para se concentrar no que é realmente importante e que pode gerar muito valor no longo prazo. Além disso, tem paixão pelo talento. Ele está constantemente conhecendo pessoas novas e procurando profissionais talentosos: quando encontra, encaminha para onde acha que há oportunidades. Assim como existem pessoas com curiosidade intelectual, ele tem fascínio pela genialidade humana.

Marcel é um grande gestor. O que o torna brilhante é a paciência para agir apenas quando tem o conhecimento suficiente para dar uma grande tacada. É como alguém que faz pesca submarina: ele fica com o arpão, imóvel, esperando para pegar o peixe gordo. Não perde tempo, nem energia, com peixes menores. O trio é magnífico — uma sociedade de pessoas que se gostam, trabalham juntas, fazem pesca submarina juntas e têm habilidades complementares. É uma das grandes parcerias do capitalismo mundial.

Depois do Submarino.com, decidi tirar um descanso. Aproveitei bem a primeira semana. Logo fiquei inquieto. Os dias sem trabalho pareciam intermináveis. Daniela, minha esposa, é psicanalista, e na segunda semana do meu descanso, quando voltou do trabalho, encontrou na cozinha um quadro com tarefas, horários e metas para a babá e a arrumadeira. Daniela me pediu para voltar a trabalhar, "pelo amor de Deus!". E assim fiz.

Um funil de 520 para 1

Recebi um convite da gestora de fundos de private equity Advent. A plataforma da empresa é muito robusta, por ser global, o que permite que os negócios sejam analisados a partir de uma perspectiva mais ampla. Tive a oportunidade de trabalhar com a dupla de fundadores da Advent para a América Latina, Juan Carlos Torres e Ernest Bachrach, pioneiros no mundo de investimentos em mercados emergentes.

Na Advent, liderei o investimento na Cetip, empresa financeira responsável pelo registro de títulos de renda fixa privados.* Compramos um terço da companhia quando estava no meio do processo de virar uma empresa com fins lucrativos e a ajudamos a se modernizar. A Cetip atuava sozinha em seu mercado, e nossa lógica foi que ela deveria cobrar preços justos, sem abusar do fato de que não tinha competição. Caso contrário, alguém se sentiria motivado a montar uma concorrente. Aos poucos, a companhia foi melhorando a qualidade dos serviços, os clientes ficaram satisfeitos e a precificação de seus serviços melhorou. Em 2009, a Cetip abriu capital. E nós, em menos de três anos, multiplicamos o nosso investimento por sete.

Eu estava na Advent fazia cinco anos quando recebi uma ligação de Bill Ford, presidente da gestora de private equity General Atlantic. Nós nos conhecíamos desde a época do Submarino.com, porque a GA quase investiu na empresa. De ambos os lados, havia sido criada uma empatia. Quando a GA precisou de alguém para comandar os investimentos na América Latina, Bill achou que eu era a pessoa certa para isso.

---

* Em 2017, a Cetip se uniu à BM&F Bovespa para criar a B3.

A GA é uma companhia global com quarenta anos de história, focada em investimentos em tecnologia e em negócios que se beneficiam da globalização. Na década de 1990, por exemplo, apostou que os bancos comerciais norte-americanos perderiam o domínio da distribuição de aplicações financeiras — ou seja, as pessoas passariam a investir por meio de plataformas digitais. Naquela época, os bancos ficavam com cerca de 80% das aplicações e, nos dez anos seguintes, essa fatia caiu para 10%, com a ascensão de empresas como Fidelity, Etrade e Vanguard, entre outras.

A GA investiu na Etrade e ajudou a transformá-la numa empresa digital. O resultado foi fabuloso, multiplicando por 27 o capital alocado na companhia. Além disso, proporcionou um grande aprendizado sobre a digitalização do mercado financeiro. Agora, esse movimento está acontecendo no Brasil. Em 2012, os grandes bancos concentravam algo como 99% dos investimentos dos brasileiros, mas estavam surgindo alternativas, empresas independentes que ofereciam outras opções, muitas vezes melhores e mais baratas, aos investidores. A maior delas era a XP Investimentos, da qual decidimos nos tornar sócios: em 2012, compramos 31% do capital por 430 milhões de reais. Nos anos seguintes, ampliamos a participação para 42%. Em 2017, quando o Itaú fechou um acordo para comprar 49,9% da XP, vendemos uma parte e ficamos com 18% do capital. Para dar uma ideia do crescimento nesse período: em 2012, o valor de mercado da XP era de pouco menos de 1,4 bilhão de reais. Quando do investimento do Itaú, foi avaliada em 12 bilhões de reais.*

Outro investimento marcante que fizemos foi a compra de 20% do capital da Arco, um sistema de ensino baseado em Fortaleza, em 2014. Três anos depois, ampliamos a fatia para 26%. O que nos levou a descobrir sua existência foi uma grande anomalia. Notamos que uma desproporcional fatia de graduados do ITA, uma das mais seletivas faculdades do país, vinha de Fortaleza. Decidimos analisar o

* Quando a XP abriu capital, em dezembro de 2019, atingiu um valor de mercado de cerca de 80 bilhões de reais. Leia mais sobre a XP e seu fundador, Guilherme Benchimol, no capítulo 4.

caso e constatamos que os alunos cearenses saíam de duas escolas muito boas da cidade. Uma delas era a Ari de Sá, que estava montando um sistema de ensino digital, chamado Arco, para levar sua metodologia pelo Brasil afora. Vimos potencial nesse novo negócio e decidimos investir. A Arco cresceu muito nesse período: foi de 80 mil para cerca de 1,2 milhão de alunos usando seu sistema. Em 2018, abriu capital na Nasdaq. O valor de mercado da companhia, que era de cerca de 300 milhões de dólares quando investimos, está hoje acima de 2 bilhões de dólares.

Além de Bill Ford, duas pessoas são fundamentais na história da GA, os cofundadores Steven Denning e David Hodgson. Eles lideraram muitos dos grandes investimentos da gestora nas últimas quatro décadas. Quando me preparava para ser chairman do comitê global de investimentos, em 2017, fui até eles para buscar conselhos e inspiração. Steve disse que eu deveria criar o hábito de usar checklists, ou seja, listas de critérios objetivos que ajudassem a definir o que é um bom negócio e o que não é. Estava com isso na cabeça quando fui conversar com Dave, que falou: "O mais importante é não acreditar nos checklists. Investir é muito complexo para ser baseado em dogmas". Obviamente, fiquei sem entender nada. Os cofundadores de um dos melhores fundos de investimento do mundo não concordavam sobre a melhor maneira de tomar decisões de investimento!

A história de Daniel Kahneman, um psicólogo que ganhou o prêmio Nobel de economia, me ajudou a entender a aparente contradição entre Steve e Dave. Kahneman trabalhou para as forças de defesa israelenses assim que se formou. Sua função era tentar melhorar o processo de triagem dos militares para definir quem iria entrar nas equipes de elite do exército. Ele criou um checklist baseado nos atributos dos melhores soldados israelenses, como patriotismo, inteligência e forca física. Isso melhorou muito a taxa de erro, que caiu de 80% para 25%. Num segundo momento, passou a se valer também de uma pausa para ouvir sua intuição. Ou seja, usava o checklist para a primeira seleção, e depois sua experiência e reflexão para o ajuste fino. Assim, a taxa de erro caiu para cerca de 10%.

A cada ano, os profissionais da GA avaliam em torno de 13 mil empresas. Cerca de noventa são apresentadas ao comitê de investimentos, e 25 recebem um aporte. Ou seja, é um funil de 520 para 1. E como conduzimos essa seleção? Seguindo o conselho do Steve, fizemos uma análise dos melhores e piores investimentos de nossa história, o que nos mostrou, de forma geral, os atributos que costumam ser relacionados com sucesso ou insucesso nos investimentos. A conclusão está em um checklist que guardamos a sete chaves, mas posso resumir alguns pontos. Privilegiamos empresas que estejam em busca de conquistar um mercado grande e em crescimento e tenham um modelo de negócios com um diferencial competitivo duradouro, que lhes permita capturar e preservar valor ao longo do tempo.

Também é importante que a companhia conte com uma equipe com as qualidades necessárias para executar a missão dali em diante. Muitas empresas caem na armadilha de ficar olhando pelo retrovisor e valorizar os profissionais que ajudaram a construir o negócio. Mas a pergunta certa é: esses caras são os certos para a próxima fase?

Quando é o caso de fazer substituições, temos uma base de dados com cerca de 20 mil profissionais com quem interagimos em algum momento e gostamos. Usamos isso para tentar indicar as pessoas que consideramos certas para as companhias em que investimos. Esse processo é feito em escala global: podemos mandar alguém do Brasil para o México, ou dos Estados Unidos para a Europa. Um exemplo de como funciona na prática: quando investimos na XP, identificamos que a empresa precisaria de processos mais robustos de gestão de riscos e *compliance* para se preparar para o crescimento exponencial que achamos que viria (e que se confirmou). Por isso, indicamos Hans Morris, ex-diretor financeiro do Citi, para o conselho de administração.

Quanto ao que pesa para o lado negativo, evitamos investir em setores cíclicos, como o de commodities. A característica de um ciclo só é óbvia em retrospecto: quem está vivendo um dificilmente sabe em que fase está. Um barril de petróleo custando trinta dólares parece barato, mas pode vir a custar ainda menos antes de voltar à média histórica de preço. Também evitamos as empresas de setores regulados e as que dependem do governo como comprador, porque é complicado se planejar para o que pode acontecer. Isso não significa que nunca vamos investir nesses setores, mas, para compensar o risco, os pontos positivos precisam ser bem mais relevantes.

A GA tem também um DNA de ser parceira dos empreendedores. É muito raro ocorrerem conflitos. Somos pró-negócio, o que facilita muito a relação com os empreendedores.

O aprendizado que vem com o erro e a dificuldade

Uma lição que aprendi foi que, para fazer bons investimentos, é preciso fugir dos atalhos. Na época do Submarino.com, nosso objetivo era abrir o capital o quanto antes, porque achávamos que aquela euforia com as empresas ponto.com não iria durar muito. Como éramos pequenos, decidimos comprar algum outro negócio que nos desse escala para ir para a Bolsa. Decidimos pela Officenet, empresa de venda de material de escritório on-line, achando que havia semelhanças com o Submarino.com. Afinal, as duas companhias usavam depósitos para armazenar seus produtos, vendiam pela internet e faziam entregas. Mas descobrimos que uma operação B2B (vendas corporativas) como a da Officenet é muito diferente de uma B2C (venda para o consumidor final). Esse erro me custou três anos, durante os quais ralei para tentar gerar valor com a Officenet, sem sucesso. Olhando em retrospectiva, deveríamos ter nos concentrado no negócio B2C.

Outra lição foi a grande dificuldade de fazer *market timing*, porque o futuro é incerto. É possível estimar, mas não prever de forma exata quanto tempo vai durar uma crise ou um período de expansão. Por isso, não procuro ganhar dinheiro tentando adivinhar quando isso ou aquilo vai acontecer. Minha escola é a da paciência. Quando não há pressão para fazer investimentos, conseguimos esperar o peixe gordo. Se houver, vamos acabar gastando energia para pegar peixes pequenos. Ou pior: podemos deixar um peixe gordo escapar. Para vender com um bom retorno, é preciso que apareça a oportunidade para uma oferta de ações ou uma venda estratégica. Nos mercados emergentes, por razões estruturais, essas janelas surgem apenas de vez em quando e são curtas. Mas esperar é difícil. Eu mesmo só aprendi com a idade: como já vi esse filme muitas vezes, sei que as chances podem até demorar, mas sempre aparecem. Quem é jovem, depois de anos só na espera, pode ficar ansioso e agir precipitadamente. Só que há outro ponto importante: quando o peixe gordo aparecer, não dá para dormir no ponto — é necessário agir rápido.

Muitos investidores estrangeiros não têm a paciência necessária para entender os países emergentes. Por isso, é comum vê-los colocando dinheiro nesses mercados nos picos de euforia — no Brasil de 2010, por exemplo — e tirando quando surgem as crises. Compram na alta e vendem na baixa e assim, claro, é impossível conseguir um bom retorno. É fundamental ter visão de longo prazo para investir nos países emergentes, especialmente no Brasil, que é muito volátil.

Acho que tenho uma pequena vantagem em relação a outros investidores porque faço cálculo de riscos desde criança. Sou hemofílico: meu sangue não coagula, o que dificulta que um sangramento pare. Então sempre medi os riscos antes de fazer algo que, para a maioria das pessoas, é corriqueiro. Será que vale a pena ir jogar futebol? Correr? Esse tipo de cálculo fez parte da minha vida desde cedo. Muitos investidores começam a precificar riscos no início de suas carreiras. Eu nasci fazendo isso.

Tenho alguns hobbies, como ler, assistir filmes e nadar, mas meu grande prazer é meu trabalho. Um dia falei para o CEO da GA: "Bill, eu faria este trabalho de graça". Ele respondeu: "Eu também". Temos sorte de trabalhar em um setor tão dinâmico e desafiador. O mundo muda a cada dia, surgem novas informações a cada segundo. A receita de ontem já está ultrapassada.

MEUS CONSELHOS A UM JOVEM INVESTIDOR

1 Espere o peixe gordo

É melhor ter paciência para fazer um grande negócio, mesmo que demore anos, do que gastar energia com investimentos menores e mais frequentes. Esse sangue-frio geralmente vem com a experiência.

2 **Fuja dos atalhos**

Não há substituto para o trabalho duro e focado. Quando for fazer um investimento, analise a fundo e não tenha pressa para ganhar dinheiro no curto prazo.

3 **Procure empresas com vantagens competitivas claras**

Os melhores retornos estão em companhias que atuam em mercados grandes e têm capacidade de gerar e manter seu valor por muitos anos.

4 **Evite setores cíclicos e regulados**

É muito difícil prever o retorno de empresas desses mercados. Só vale a pena investir quando os fatores positivos forem à prova de balas.

5 **Combine um checklist à sua intuição na hora de decidir**

Fazer listas com as principais características de investimentos que deram certo, e dos que fracassaram, é útil. Mas só isso não garante o sucesso. Ouvir sua intuição e usar a experiência acumulada também são pontos fundamentais.

SUGESTÕES DE LEITURA

Estratégia competitiva: Técnicas para análise de indústrias e da concorrência

Michael E. Porter

"Um clássico que fornece o conhecimento básico para analisar as empresas e estimar sua rentabilidade futura."

Grandes decisões sobre pessoas

Claudio Fernandez-Araoz

"O autor nos lembra de que os fundamentos de uma empresa não são suficientes para determinar seu futuro. Warren Buffett já disse: 'Quando uma equipe de executivos com reputação brilhante assume um negócio com reputação ruim, é a reputação do negócio que permanece intacta'. Concordo. Escolho investir em empresas com executivos brilhantes e em negócios com ótimos fundamentos econômicos."

High Growth Handbook

Elad Gil

"O livro mostra como companhias em fase de expansão acelerada frequentemente se deparam com os mesmos desafios, e indica caminhos para superá-los. Como temos visto cada mais empresas com tecnologias disruptivas surgindo, as lições do Vale do Silício podem ser aplicadas mundo afora."

CAPÍTULO 9

Mauricio Bittencourt

Sócio da gestora VELT, especializada em ações

Depois de desistir de ser surfista, músico e jogador de futebol — suas paixões na adolescência —, Mauricio Bittencourt resolveu estudar economia na Universidade Federal do Rio de Janeiro. Em 1992, no segundo ano de faculdade, foi indicado por um amigo para um estágio na Investidor Profissional, uma das gestoras de recursos mais tradicionais do país. Mal sabia como o mercado financeiro funcionava, mas aprendeu, e essa se tornou sua paixão definitiva. Ficou na IP até 2003, quando recebeu um convite para trabalhar na Synthesis Asset Management, gestora de Nova York especializada em selecionar fundos de investimento para receber os recursos de grandes investidores — entre os clientes estavam Jorge Paulo Lemann, Marcel Telles e Beto Sicupira. De lá, foi para o banco Pactual e, em 2007, tornou-se sócio da gestora M Square, onde foi responsável por criar a área de fundos de ações brasileiras. Em 2016, essa área tornou-se uma empresa separada e, dois anos depois, passou a se chamar VELT. Em 2019, a VELT geria aproximadamente 5 bilhões de reais. Bittencourt tem 46 anos, é casado e pai de duas filhas.

Descobrindo o mercado financeiro

Nasci no Rio de Janeiro e, quando era adolescente, meu sonho era ser surfista, músico ou jogador de futebol. Mas nunca fui bom em nada disso. Só me destacava na escola, então me dediquei aos estudos. Em 1990, decidi fazer faculdade de economia, porque achei que me daria amplitude para poder trabalhar em áreas diferentes.* Minha família não tem nenhuma ligação com o mercado financeiro: meu pai é médico e minha mãe é professora, e ambos são funcionários públicos. Na época em que entrei na faculdade, não fazia ideia do que era uma ação.

Durante o curso de economia, fiz um curto estágio no BNDES. Foi uma experiência interessante, principalmente por consolidar a convicção de que eu não queria trabalhar numa empresa grande. Ficava incomodado com o fato de entrar no elevador com cinquenta pessoas que não se conheciam, de não falar com muitos funcionários do meu próprio andar. Não há nada de errado com isso, só não é para mim.

Um amigo de faculdade trabalhava na Investidor Profissional e estava adorando. Na época, a IP não era formalmente uma gestora de recursos, porque esse mercado só foi regulamentado no Brasil em 1993. Mas atuava como uma consultoria, fazendo a administração da carteira de investidores, locais e estrangeiros. Esse amigo, que se chama Luiz Guilherme Nobre, dizia que a IP era um lugar em que as pessoas podiam ganhar responsabilidades rapidamente e crescer. Ele era um exemplo disso: estava no terceiro ano da faculdade e já era diretor. Um dia, perguntou se eu não queria ir para lá, e aceitei o convite para ser seu estagiário. Comecei na IP em 1992: estava no segundo ano da faculdade de economia e continuava sem saber nada de investimentos. Naquela época, não havia cursos on-line ou sites que eu pudesse acessar para me inteirar o mínimo que fosse sobre o assunto.

* Cursou economia na Universidade Federal do Rio de Janeiro. Formou-se em 1994.

Por sorte, meu amigo era muito didático, foi me ensinando as coisas e, em um mês, eu já sabia o básico de que precisava para trabalhar. Passei a ser um dos responsáveis pelas operações de renda fixa dos clientes. Quando me lembro desse início, vejo como dei sorte de começar a carreira cercado por pessoas fantásticas, com quem aprendi muito, e numa das melhores empresas do setor, não apenas em termos de desempenho, mas na maneira de atuar, com muita profundidade, estudo e ética.

Meu primeiro salto na IP aconteceu no fim de 1992, quando Luiz, que era meu chefe, saiu de férias e fiquei responsável por administrar o portfólio de derivativos, que incluíam opções de Vale.* Acabei montando uma operação chamada *butterfly,* com opções de mineradora. Quem faz essa operação ganha dinheiro se o preço da ação de referência — da Vale, no caso — ficar dentro do intervalo estabelecido. A vantagem, especialmente no meu caso, já que tenho um perfil conservador, é que a perda é limitada se a estratégia der errado.

Estava montando um gráfico dessa *butterfly* quando um dos sócios-fundadores da IP, Christiano Fonseca, viu e me falou para fazer a operação. Deu aquele frio na barriga, mas fui em frente. Quando Luiz voltou de férias, a operação estava montada e andando de lado, longe do intervalo estabelecido. Dois dias antes do vencimento, porém, o preço da ação foi exatamente para o intervalo. Conclusão: o investimento pagou vinte para um. Por causa dessa operação, que inegavelmente teve um componente de sorte muito grande, com 21 anos me tornei o responsável pelas operações de derivativos da IP.

Em 1994, veio o Plano Real. A inflação, que estava entre 30% e 40% ao mês, caiu para menos de 10% ao ano, e o país passou a ter uma nova moeda, o real, que era atrelado ao dólar. Isso causou rupturas,

* Derivativos são instrumentos financeiros negociados por investidores interessados em fixar hoje o preço de ações, moedas e outros ativos no futuro. Podem ser usados como proteção ou como forma de alavancar o retorno de investimentos, já que é possível negociá-los pagando uma fração do preço do ativo. Opções são um tipo de derivativo.

mas também muitas oportunidades de investimento, principalmente com derivativos.

Roberto Vinhaes, o outro sócio-fundador da IP* — e um cara espetacular, muito estudioso —, bolou uma operação para tentar ganhar com o diferencial de juros entre Brasil e Estados Unidos, porque as taxas brasileiras eram bem mais altas. Como era proibido investir em ativos de renda fixa locais com capital externo, não era possível fazer a operação mais óbvia: pegar emprestado capital em dólares a uma taxa *x* e investir esse capital no país a uma taxa significativamente maior. Era necessário, então, pensar numa estratégia mais elaborada. O plano idealizado por Roberto foi comprar opções da Telebras nos Estados Unidos e vendê-las no Brasil, uma vez que a taxa de juros era um componente do preço da opção. Ele me pediu para investigar e descobrir como fazer. A diferença de prêmio era muito grande: dava para comprar por cinco e vender por dez, praticamente. O risco era a desvalorização cambial, que poderia consumir parte do ganho ou até mesmo gerar uma perda, a depender do tamanho da depreciação. Mas a moeda brasileira acabou se valorizando logo após o início do Plano Real, então a operação teve um resultado ainda melhor do que prevíamos.

O retorno foi, em parte, resultado de um esforço coletivo para montar a operação, porém se deveu também a um evento que a gente não considerava como o mais provável: a valorização do real. Ou seja, teve um pouco de sorte. Sei que sorte não cai do céu. Claro que me dediquei muito ao estudo desse mercado de opções, que na época ainda era algo um tanto novo no Brasil, mas, se não estivesse cercado de pessoas incríveis como os profissionais da IP, dificilmente estaria exposto a eventos como esses no início da minha carreira.

Virei sócio depois do sucesso dessa operação da Telebras, e logo depois acabei migrando para a área de análise fundamentalista de ações, que era o "*core*" da IP. Após alguns anos como analista, em 1998 me tornei gestor de portfólio, responsável por tomar decisões

* Roberto Vinhaes é um dos entrevistados deste livro. Ver capítulo 10.

de investimento para o fundo. Enfrentei períodos extremos logo no início da função como gestor — como a crise da Rússia, a quebra do LTCM, que era um dos principais fundos de hedge da época, e a maxidesvalorização do real* —, mas o fato de a empresa ter construído seu negócio de forma muito consistente desde o início (equipe, filosofia de investimentos, alinhamento dos investidores etc.) permitiu que o fundo se saísse bastante bem nesse período.

Frustração e aprendizado

Estava feliz na IP quando, em 2003, recebi uma proposta muito interessante. Paulo Lemann, filho de Jorge Paulo Lemann, me convidou para ser sócio da Synthesis Asset Management, cujo objetivo era selecionar os melhores fundos em mercados desenvolvidos para receber os recursos de seus clientes. A gestora ficava em Nova York, e entre os clientes estavam o próprio Jorge Paulo, além de Marcel Telles, Beto Sicupira e famílias com patrimônios relevantes.** Era uma oportunidade para ter acesso aos melhores fundos do mundo, aprender como funcionavam. Foi uma decisão muito difícil, mas acabei decidindo sair da IP e ir para lá.

Morar em Nova York é incrível, recomendo para todo investidor: nas visitas a gestoras, sempre encontrava alguém melhor que eu, que me fazia ver as coisas de um jeito diferente. Foi uma experiência rica, mas ao mesmo tempo frustrante, porque não tive nenhuma conquista relevante. Não foi uma derrota por 7×1, mas também não realizei grandes coisas. Na IP, estava acostumado a fazer acontecer. Na Synthesis, trabalhei muito, mas as coisas não se encaixaram. Para completar, nos dois anos em que fiquei em Nova York, o Bra-

---

* Essas crises aconteceram entre 1998 e 1999.

** O trio citado é dono da cervejaria AB InBev e sócio na empresa de investimentos 3G, que controla a rede de lanchonetes Burger King e a companhia de alimentos Kraft Heinz (esta última, em sociedade com a Berkshire Hathaway, empresa de investimentos de Warren Buffett).

sil "decolou", a Bolsa subiu muito, a IP cresceu, e os sócios tiveram grande sucesso. Hoje, vejo que passar por isso foi importante porque me tornou mais humilde, só que, na época, foi duro.

Em 2005, Paulo, que havia me convidado para trabalhar em Nova York, saiu da gestora. Saiu também outro sócio com quem eu tinha um ótimo relacionamento, Arthur Mizne.* Para mim, o mais importante nas empresas em que trabalho são as pessoas que fazem parte dela. Em razão disso, resolvi mudar de ares.

Recebi uma proposta do Pactual, um banco que admirava muito pela capacidade de gerar resultados e pela cultura da *partnership* meritocrática, que também existia na IP: quem se dedica de verdade e gera resultados para a sociedade é recompensado e pode se tornar sócio. Achei que seria um desafio interessante e acabei aceitando o convite.

O banco estava num momento crucial, no meio das negociações para ser vendido para o Goldman Sachs. Quando isso acontecesse, um grupo de sócios pretendia criar uma empresa separada, que faria a gestão dos recursos que receberiam com a venda. O plano era que eu fizesse parte dessa nova empresa. Mas a venda para o Goldman não saiu, e eu me vi trabalhando num banco que tinha cerca de oitocentos funcionários, algo com que não estava acostumado. Pouco tempo depois, em 2006, o Pactual acabou sendo vendido, mas para o UBS. Com a venda, voltei para o Rio de Janeiro, porém fazendo parte de uma instituição global, o que era incrível para muita gente, mas não para mim. Quando ia trabalhar no escritório do UBS em Nova York, por exemplo, lembro de subir até o 27º andar, sentar num cubículo e pensar que eu era mais um número no meio daquela estrutura gigantesca.

Além disso, após uma venda, segue-se naturalmente um período de transição: como vão ser os novos cargos? As novas áreas? Os bônus? Quem vai mudar de país? Em meio a tudo isso, as pessoas acabam tendo menos tempo para se concentrar no trabalho em si.

---

* Arthur Mizne é um dos entrevistados deste livro. Ver capítulo 2.

A sensação de que eu não estava fazendo diferença voltou a me incomodar, e resolvi sair.*

"Aprendi que um empreendedor não pode desanimar"

Mesmo depois da saída da Synthesis, mantive contato com Arthur Mizne, que havia montado uma gestora em São Paulo, a M Square. Quando disse que não estava feliz no Pactual, ele me convidou para sermos sócios e criar uma área nova na M Square, a de fundos de ações. Construir uma sociedade do zero — não apenas a parte do negócio, mas os valores e princípios — é uma experiência marcante.

Uma dificuldade foi o fato de minhas experiências imediatamente anteriores não serem aplicáveis ao meu novo papel na M Square. Eu havia gerido fundos de ações na IP, mas cinco anos antes — e não fiz isso no Pactual, nem na Synthesis. Ainda assim, muitos investidores resolveram confiar. Foi muito especial quando recebemos os primeiros investimentos, de pessoas que acreditaram no nosso sonho.

Aprendi que um empreendedor não pode desanimar. Logo no começo, marcamos uma reunião com um gestor de Londres para tentar convencê-lo a investir no fundo. Tínhamos o contato da época em que Arthur e eu trabalhávamos em Nova York, e estávamos superesperançosos. Fomos até lá só para isso, mas, quando chegamos, o cara não estava no escritório. Tinha esquecido. Colocou um assistente para falar com a gente, que chegou umas duas horas atrasado e nos atendeu claramente por obrigação. Óbvio que foi uma reunião muito ruim.

Saímos de lá, fomos para Nova York, onde tínhamos outra reunião com potenciais investidores, e um deles dormiu no meio da nossa apresentação. Na hora, claro que uma parte da gente fica com vontade de sumir. Passou pela cabeça a dúvida de que montar

* Alguns sócios do Pactual recompraram o banco do UBS após a crise de 2008 e transformaram a instituição no BTG Pactual.

uma gestora poderia não ser o caminho certo a seguir, que talvez devêssemos tentar outra coisa. Mas o lado empreendedor falou mais alto, e seguimos em frente. Talvez até com mais empenho, sendo sincero. Para mostrar que aquelas pessoas perderam uma boa oportunidade. Hoje vejo que essas situações podem tornar um empreendedor mais forte. Quando dá certo, a sensação de realização é ainda melhor.

Posso dizer que meus sócios tiveram um papel crucial em toda a minha carreira. Dei muita sorte de ter me associado a pessoas como Roberto e Christiano na IP e Arthur na M Square. Bons sócios nos complementam, nos fazem aprender, e são importantíssimos nos inevitáveis momentos de dificuldade. Depois de quase dez anos trabalhando como uma sociedade, em 2016, Arthur e eu resolvemos dividir a empresa em duas. Tivemos um ciclo muito especial como sócios, com muita cumplicidade e complementaridade, mas, após um início no qual trabalhávamos de forma bastante integrada, ao longo do tempo acabamos nos concentrando nas nossas respectivas áreas de atuação. E, em termos práticos, a M Square funcionava quase como duas empresas. Oficializamos, então, essas estruturas independentes. Assim surgiram a M Square Internacional, com Arthur e um grupo de sócios focados exclusivamente em fundos no mercado externo, e a M Square Brasil, comigo e outro grupo de sócios dedicados a investir em ações brasileiras.

Em 2018, como passo final dessa segmentação, decidimos mudar o nome da M Square Brasil. Foi bastante difícil escolher um novo nome que refletisse nosso estilo de gestão. No final, optamos por VELT Partners, um acrônimo para *Value, Excellence e Long Term*, que representa a união de *stakeholders* — equipe, investidores e empresas investidas — trabalhando como sócios na busca de geração de valor através de excelência e visão de longo prazo.

Um dos grandes investimentos que fizemos na M Square foi a compra das ações da Odontoprev, empresa de planos odontológicos. Investimos em ações da empresa no fim de 2008, logo depois de eclodir a crise financeira mundial, por isso pagamos um preço muito atraente por um negócio que achávamos que, no médio prazo, não seria prejudicado pelo colapso global. Na época, a companhia tinha um concorrente muito forte, a Bradesco Seguros, que vinha atrapalhando o crescimento da Odontoprev oferecendo planos odontológicos a preços muito baixos. Na nossa visão, porém, esse risco competitivo já estava refletido no preço da ação. O mais importante era o fato de que acreditávamos muito no CEO e fundador da empresa, Randal Zanetti, e na equipe liderada por ele. Apesar do cenário competitivo sem dúvida desafiador, acreditávamos que estávamos investindo num grupo de pessoas muito competentes e dedicadas, que tinham grande chance de encontrar caminhos positivos nesse cenário. O que aconteceu foi que o Bradesco também viu valor na Odontoprev e comprou a companhia, o que reduziu o risco do negócio e fez a ação valorizar bastante. De 2008 a 2013, tivemos um ganho próximo a dez vezes o capital que investimos.

Em busca da alma das empresas

Nossa filosofia de investimentos é uma soma das experiências que tivemos. Na IP, o foco era principalmente comprar ações de empresas que se destacavam pelo preço interessante e que muitas vezes eram de um porte reduzido. Como o fundo não era tão grande quando eu estava lá, gerava bons retornos investindo em negócios pequenos, que estavam quase abandonados na Bolsa. Conseguíamos nos diferenciar fazendo um esforço para analisar melhor essas empresas e investir no que de fato fosse promissor — é bom lembrar que muitas ações estão baratas porque não valem nada mesmo.

Hoje o mercado é completamente diferente, muito mais competitivo. A grande maioria das informações está disponível para todos os investidores ao mesmo tempo, então é bem mais difícil se diferenciar. Entender como um negócio funciona é quase uma commodity. O que importa é usar essa análise para construir uma visão de como essa companhia estará daqui a alguns anos. Mais do que compreender o presente, é preciso desenvolver uma habilidade de tentar prever o futuro dos negócios nos quais investimos.

Levando isso em conta, fomos refinando a nossa forma de tomar decisões de investimento. A experiência que tive em Nova York, conhecendo alguns dos melhores investidores do mundo, foi muito importante. Passei a ter uma visão mais qualitativa, de buscar companhias que pudessem se tornar grandes com o passar do tempo, mesmo que os preços das suas ações não parecessem particularmente baixos considerando métricas de curto prazo. O conceito de caro e barato é relativo porque depende do potencial de valorização da empresa: uma ação que negocia a 25 vezes o lucro pode ser muito mais atraente para o investidor de longo prazo do que uma que negocia a oito vezes.* Tudo depende da trajetória desse lucro nos próximos três ou cinco anos.

Também é importante notar que as características que tornam uma empresa boa ou excelente mudaram. Há uns três anos, uma rede de distribuição era uma vantagem competitiva. Hoje, isso é menos importante, porque é possível distribuir via internet. O investidor precisa ser capaz de captar essas mudanças e evoluir junto.

Entender a cultura das companhias ajuda nessa tarefa de tentar prever como estarão no futuro. Tenho paixão por esse tema, gosto bastante de tentar enxergar qual é a alma das empresas e até onde isso pode levá-las — o que, de maneira pragmática, é útil na hora de estimar o que esperar de um investimento. Uma empresa cuja cultura é correr pouco risco, evitar conflitos e não inovar dificilmente vai crescer muito. A estratégia é preservar o que se tem, que pode ser de bastante valor. Não estou dizendo que toda companhia precisa querer dominar o mundo. Mas o preço da ação deve refletir seu real potencial.

Por outro lado, uma empresa formada por pessoas ambiciosas e capazes, que estão o tempo inteiro tentando melhorar, pode se tornar muito grande. Foi o que aconteceu com a Ambev, que se tornou a maior cervejaria do mundo. Era difícil prever que fosse chegar tão

---

* Para fazer essa comparação, foi usado o índice Preço-Lucro (P/L), que mede a relação entre o preço da ação e o lucro da empresa por ação. Quanto maior for o índice, mais cara está a ação.

longe quando a Brahma se juntou à Antárctica, em 1999. Mas já era possível notar que havia algo de diferente na equipe.

É claro que, quando uma empresa resolve executar um plano ambicioso, os riscos são grandes. Para decidir se vale a pena investir junto, avaliamos as pessoas por trás das companhias: suas experiências, seus valores, a maneira de fazer negócios, os erros que cometeram e como resolveram. E o trio por trás da Ambev — Jorge Paulo Lemann, Marcel Telles e Carlos Alberto Sicupira — dispensa comentários.

Estamos sempre buscando empresas que tenham culturas vencedoras e pessoas especiais por trás — competentes, experientes, éticas e cujos interesses estejam alinhados aos dos acionistas. Não necessariamente um perfil único, mas diferentes tipos de culturas que se mostrem bem-sucedidas ao longo do tempo. Além de Ambev, é esse o caso de Itaú, Equatorial, Renner e Localiza, por exemplo.

Carlos Brito, CEO da AB InBev, disse numa entrevista que o segredo mais valioso da companhia estava no seu site: os dez valores e princípios da organização. Importante ressaltar que é dificílimo, praticamente impossível, fazer uma empresa gerar muito valor de forma sustentável se o setor em que ela atua é ruim. Alguns mercados são tão complicados que nem uma gestão excepcional pode ser capaz de gerar valor relevante de forma sustentável. É o caso, na minha visão, do setor imobiliário.

E como é a cultura da VELT? Um dos pontos mais importantes da nossa cultura é a meritocracia. Somos uma *partnership*, e qualquer pessoa pode se tornar sócia, não importa o cargo. O que faz diferença é o papel que o profissional teve na construção de valor para a sociedade. Se contribuiu da forma certa — ou seja, com ética, trabalhando duro e sem arrogância, seguindo os nossos valores —, merece virar sócio. O objetivo é ter uma empresa formada por sócios de perfis distintos, mas com objetivos comuns, e dar voz a eles para que ajam como donos. Acho que esse é o modelo que faz uma sociedade evoluir. Não sou fã de companhias com uma ou duas cabeças e um monte de seguidores.

Ao contratar, avaliamos a formação técnica e também pessoal dos candidatos. Além de ser bastante competitivo, o mercado financeiro é um ambiente que permite que pessoas muito jovens tenham reconhecimento e sucesso. Nem sempre é fácil administrar isso. Procuramos pessoas que não fiquem deslumbradas e que estejam dispostas a construir algo grande e relevante no longo prazo. Temos psicólogos e especialistas em coaching para ajudar no desenvolvimento não apenas dos jovens, mas dos profissionais de todas as idades.

OS PRINCIPAIS CONSELHOS DE MAURICIO BITTENCOURT

Sobre investimentos e carreira

1 **Busque empresas com culturas vencedoras**
Essas companhias geralmente conseguem ter bons resultados de forma consistente. O perfil não precisa ser único: o importante é que sejam culturas bem-sucedidas. Alguns exemplos são Ambev, Equatorial, Localiza e Renner.

2 **Analisar o presente não basta: é preciso tentar prever o futuro**
A grande maioria das informações está disponível para todos os investidores ao mesmo tempo, então é difícil se diferenciar. Entender como um negócio funciona é quase uma commodity. O que importa é usar essa análise para construir uma visão de como essa companhia estará daqui a alguns anos.

3 **Saiba que qualidade é tão importante quanto preço**
O mercado está mais competitivo, o que torna mais difícil encontrar ações de boas companhias que sejam negociadas a um preço claramente atraente. Por isso, é preciso dar importância à qualidade do negócio e às pessoas que estão por trás dele, e não apenas ao valor dos papéis.

4 **Avalie o setor da empresa antes de investir**
É praticamente impossível fazer uma empresa dar certo se o setor em que ela atua é ruim. Alguns mercados são tão complicados que nem uma gestão excepcional resolve.

5 Trabalhe com pessoas que você admira

Seus chefes, colegas e funcionários fazem grande diferença na sua evolução profissional. Por isso, vale a pena escolher com critério as pessoas com quem vai trabalhar.

SUGESTÕES DE LEITURA

AI Superpowers

Kai-Fu Lee

"O livro evidencia a transformação por que o mundo está passando em relação à disponibilidade de dados e como eles podem ser usados para melhorar processos decisórios."

Lições de um empresário rebelde

Yvon Chouinard

"É a biografia do fundador da Patagonia, uma tradicional marca norte-americana de roupas esportivas. Sou fascinado pelo tema cultura organizacional, e a Patagonia tem uma cultura única e especial, que envolve visão de longo prazo de fato e um propósito maior que a geração imediatista de lucro."

CAPÍTULO 10

Patrice Etlin

Sócio-diretor responsável pelos investimentos na América Latina da Advent, gestora norte-americana de fundos de private equity

Formado em engenharia eletrônica na Escola Politécnica da USP nos anos 1980, conhecidos como a "década perdida" do Brasil, Patrice Etlin decidiu morar fora do país. Fez mestrado em engenharia industrial em Paris e, em seguida, trabalhou durante quase quatro anos na divisão de satélites militares do grupo Matra Marconi Space, em Toulouse. Voltou ao Brasil em 1994, assim que terminou um MBA no Insead, e foi sócio de um fundo que investia em empresas de tecnologia e telecomunicações. Em 1997, foi convidado pela gestora de fundos de private equity Advent para montar o escritório da empresa em São Paulo — e está na companhia desde então. Nesse período, a Advent investiu cerca de 16 bilhões de reais em mais de trinta empresas de diferentes setores no Brasil, entre elas, Kroton (educação), Fleury (saúde), Cetip (finanças) e Walmart (varejo). É casado e pai de três filhos.

Um gringo diferente

Meu pai é francês. Veio para o Brasil na década de 1950, enviado pelo banco onde trabalhava, conheceu minha mãe, que é brasileira, e não saiu mais daqui. Eu nasci e cresci em São Paulo, onde estudei numa escola francesa, o Liceu Pasteur. Fui alfabetizado em francês, praticamente o único idioma falado na minha casa. Era quase uma vida de gringo no Brasil. O Liceu tinha um ensino muito bom de matemática, então fiz um cursinho no final do que hoje é o ensino médio para reforçar o português e consegui entrar na Escola Politécnica da Universidade de São Paulo, onde cursei engenharia eletrônica. Fiz um semestre de estágio na consultoria Arthur Andersen e no laboratório de microeletrônica da Poli, mas queria morar no exterior por um tempo. Estávamos no meio dos anos 1980, a década perdida no Brasil. A Poli havia assinado um convênio com uma das melhores faculdades francesas de engenharia, a École Centrale de Paris. Eu falava francês, o que facilitava muito, e ganhei uma bolsa do governo da França para fazer um mestrado em engenharia industrial.

Depois do mestrado, trabalhei durante quase quatro anos na divisão de satélites do grupo Matra Marconi Space, que ficava em Toulouse, o centro de tecnologia da França. Minha área era a de projetos militares. Foi uma experiência muito interessante. O projeto em que atuei envolvia umas 25 empresas, que desenvolveram um satélite de observação militar europeu lançado na década de 1990. Eu estava na equipe de desenvolvimento das estações terrestres, que recebiam e tratavam as imagens. Às vezes, sentia que estava num filme de James Bond, já que tudo era de máxima segurança e confidencialidade.

Mas, aos 29 anos, estava querendo mudar e eventualmente também ganhar um pouco mais de dinheiro. Achei que precisava aprender sobre administração, finanças e negócios, então decidi fazer um MBA no Insead. Devo ser uma das poucas pessoas que realmente aprendeu alguma coisa no curso. Muitos alunos, antes de começar um MBA, já trabalharam em consultorias e bancos, então conhecem o básico de finanças. Eu não. Foi lá que vi um balanço pela primeira vez, que aprendi a fazer um *valuation* (avaliação de empresas). Finanças foi uma matéria *hard core* para mim.

Terminei o MBA em junho de 1994, exatamente o momento de implementação do Plano Real. Havia uma grande expectativa de que o Brasil fosse dar certo, e resolvi apostar que era um bom momento para voltar, depois de toda aquela confusão do impeachment do Collor.*

No Brasil, me associei a pessoas que estavam lançando um fundo para investir nos setores de tecnologia e telecomunicações. Eu trazia a bagagem de engenharia e o conhecimento tecnológico para a estruturação do fundo, que se chamava International Venture Partners. Captamos cerca de 30 milhões de dólares, entre recursos de investidores individuais e de gestoras estrangeiros, como a Warburg Pincus, e fizemos algumas transações bacanas: investimos no setor de TV por assinatura e também criamos uma empresa de *paging*.**

Fiquei quase três anos lá, quando fui procurado pela Advent, uma gestora norte-americana de fundos de private equity que havia acabado de captar seu primeiro fundo para a América Latina e queria montar um escritório em São Paulo. Até então, a Advent investia principalmente na Europa e nos Estados Unidos, mas estava criando fundos regionais. Um headhunter me procurou, e as conversas com a Advent duraram um ano. Fui entrevistado em Boston e Londres. Tinha 33 anos e seria o sócio mais jovem da empresa, com pouquíssima experiência no setor. Acabei sendo contratado e abri o escritório em São Paulo em 1997. Nosso primeiro fundo tinha um capital de 135 milhões de dólares, destinados a investimentos na América Latina.

Naquele período, pouquíssimos brasileiros sabiam o que era private equity — e quase ninguém conhecia a Advent. Era difícil até marcar reuniões com empresários e executivos. Uma vez, liguei para uma empresa de logística e consegui que a secretária passasse a ligação para o dono. Comecei a falar, mas senti que ele não estava

---

* O ex-presidente Fernando Collor de Mello renunciou ao cargo em meio a um processo de impeachment em 1992 e foi substituído por Itamar Franco, seu vice.

** Envio de mensagens por meio de pagers, dispositivos que conectavam os usuários por meio de redes de telecomunicações. Eram bastante usados nos anos 1990.

entendendo. Até que ele me interrompeu e disse: "Olha, eu atendi porque achei que era da AAdvantage, o programa de milhagens da American Airlines. Se não for isso, não estou interessado". Era duro.

Com o tempo, fomos quebrando as resistências. Depois de um ano e meio com o escritório montado, no fim de 1998, fizemos nosso primeiro *deal*: a compra de 25% do capital da empresa de software Microsiga por 7 milhões de dólares. Laercio Cosentino, fundador da companhia, fez um processo competitivo de que participaram catorze fundos, e nós levamos. O fato de a Advent ser global e ter investimentos em tecnologia em outros países ajudou a fazer uma avaliação embasada do negócio. Mas, apesar da presença internacional, a decisão é local — ou seja, é tomada no Brasil, não em Nova York. Acho que isso ajudou a convencer Laercio, e fizemos um negócio excelente num período complicado no Brasil, com a maxidesvalorização do real. Começamos a negociar em 1998, com o câmbio um para um, mas concluímos a transação em 1999, quando o dólar valia pouco mais de dois reais, o que foi ótimo para o retorno do investimento.

Depois de alguns anos, a empresa mudou o nome para Totvs e iniciou o processo de abertura de capital. Nós vendemos nossa participação pouco antes da estreia na Bolsa por um preço muito bom, mas não no teto: a empresa ainda valorizou bastante depois disso.* Continuei no conselho de administração da companhia por vários anos. Fico feliz por até hoje ter grande amizade com Laercio, e o mesmo vale para vários dos meus antigos e atuais sócios.

De portos a faculdades

Entre os anos 2000 e 2002, o Brasil foi atingido por outras crises: a quebra da Argentina, o estouro da bolha das empresas de internet

* A Advent não divulga o retorno do investimento, mas os números da abertura de capital dão uma pista. Em março de 2006, quando fez a oferta de ações, a Totvs valia cerca de 570 milhões de reais (ou seja, 25% da empresa valia em torno de 140 milhões de reais).

e a volatilidade provocada pelo medo da primeira eleição de Lula. Muitas daquelas gestoras estrangeiras que haviam desembarcado no país em meados dos anos 1990 junto conosco foram embora. Por que ficamos? Porque tínhamos um fundo regional para a América Latina. Quando o ambiente se tornou complicado no Brasil e na Argentina, passamos a investir no México. Além disso, somos cautelosos com endividamento: por exemplo, nunca tomamos dívida em dólares tendo receitas em reais, coisa comum naquela época. Além disso, somos conservadores no preço que estamos dispostos a pagar. Por isso, também não embarcamos na onda da internet. Deixamos muitos negócios na mesa por causa disso, mas, olhando em retrospectiva, fizemos o certo.

Nosso processo de investimento é *bottom-up*, ou seja, avaliamos os méritos das empresas, e não tendências macroeconômicas, para decidir onde colocar recursos. Temos alguns setores prioritários, como consumo, varejo, educação, saúde e serviços financeiros, e fazemos análises profundas. Mapeamos de maneira sistemática todos os segmentos dentro desses setores. Por exemplo, em saúde, analisamos empresas farmacêuticas, clínicas, hospitais, laboratórios. Em varejo, olhamos principalmente supermercados, lojas de materiais de construção, setor de autopeças. Depois disso, avaliamos os fundamentos das empresas. É um sistema proativo e analítico.

Uma vez que fazemos o aporte, buscamos ter uma posição de influência na empresa para implementar nossos planos de criação de valor com a governança adequada. Nosso envolvimento é grande: participamos de comitês e do conselho de administração. Mas não entramos na gestão. Não colocamos a equipe da Advent para tocar as companhias em que investimos, porque não temos a pretensão de saber atuar com qualidade no dia a dia de um negócio. Temos uma espécie de banco de talentos de profissionais e, quando é necessário fazer mudanças, acionamos essa lista e substituímos CEOS, diretores e gerentes.

Ao longo dos anos, vendemos muitas empresas na Bolsa, em IPOS (sigla em inglês para oferta inicial de ações). Mas esse não é nosso cenário-base. Nosso objetivo, quando fazemos um investimento, é construir uma companhia que possa ser vendida para um grupo internacional que queira entrar no Brasil. Esse grupo vai encontrar uma empresa formalmente organizada, com gestão profissional, números auditados em US GAAP (padrão contábil norte-americano), governança adequada, tudo em ordem. É uma grande criação de valor porque sabemos da dificuldade de manter um negócio em ordem no meio da selva fiscal, logística e trabalhista do país.

Um exemplo de empresa vendida para um grupo estrangeiro foi a TCP, que administra o terminal de contêineres do porto de Paranaguá. Quando investimos na TCP, em 2011, o porto tinha péssimos indicadores operacionais. Era considerado o pior do país em termos de produtividade e gestão. Depois de cinco anos investindo em melhorias e mudanças de gestão, passou a ser o mais eficiente do Brasil do ponto de vista operacional. Além disso, tornou-se o segundo maior terminal de contêineres em território nacional. Ou seja, foi uma história de *turnaround* operacional e expansão de capacidade. Em 2017, vendemos nossa participação para uma companhia chinesa, a China Merchants.*

A oferta de ações é um caminho que perseguimos, mas oportunista, porque depende da abertura de uma janela, e é impossível saber quando isso vai acontecer. Quando a janela se abre, porém, os retornos podem ser muito bons.

Um dos setores em que a Advent tem uma atuação forte globalmente é o financeiro. Então decidimos explorar isso no Brasil. Investimos na CSU, uma processadora de pagamentos com cartões que abriu capital, na seguradora JMalucelli e na Cetip, empresa responsável pelo registro de ativos financeiros, como CDBS. A Cetip, em especial, foi um investimento excelente. Começamos a negociar a compra da empresa no fim de 2008, pouco depois da quebra do ban-

* A Advent comprou 50% da TCP em 2011. Na época, a empresa era avaliada em 1,3 bilhão de reais, segundo reportagem do jornal *Valor Econômico*. Na venda para a China Merchants, em 2017, a TCP foi avaliada em 4,1 bilhões de reais — 3,2 bilhões de reais por 100% das ações mais 900 milhões de reais em dívidas, também de acordo com o *Valor*.

co Lehman Brothers, que deu início à grave crise financeira mundial. Apesar do momento extremamente conturbado, vimos valor na companhia.

Fizemos a aquisição em maio de 2009 e, na sequência, passamos a implementar nossa agenda: colocamos em prática um novo modelo de governança, mudamos a gestão, criamos metas de eficiência operacional. No fim daquele ano, quando ficou claro que o impacto da crise mundial no Brasil seria limitado, abriu-se uma janela para a abertura de capital. Vendemos uma parte da nossa participação no IPO e outra parcela para a Ice, uma operadora internacional de bolsas de valores.

Também em 2009, fizemos um dos nossos grandes negócios no Brasil, o investimento na Kroton. Na época, a empresa, que já tinha capital aberto, era o patinho feio do setor de educação, porque não havia conseguido entregar o que tinha prometido. Fizemos um acordo com os três fundadores, compramos metade da sua participação na holding, mudamos completamente a gestão e organizamos uma agenda externa de aquisições. A primeira compra foi a do grupo Iuni, fundado por uma família de empreendedores que saiu do interior de São Paulo para montar uma faculdade no Centro-Oeste. A instituição cresceu, a família passou a comprar outras escolas e reuniu tudo num grupo, que era tocado por Rodrigo Galindo, filho do fundador. Rodrigo começou a trabalhar na faculdade da família aos treze anos e tinha muito talento. Enxergamos isso nele e, em seis meses, o colocamos como presidente da Kroton. Quando entramos na empresa, o valor de mercado estava em torno de 400 milhões de reais. Na saída, em 2013, valia cerca de 10 bilhões de reais e era o maior grupo de educação do mundo com ações listadas em bolsa.

Preparados para uma maratona

Contratar as pessoas certas para o mercado de private equity é um desafio. Muitos recém-formados têm uma visão desse setor que é diferente da realidade. Acho que vêm atrás de um certo glamour que não existe. Boa parte do trabalho se resume a ler, analisar, montar um estudo de caso, voltar atrás, ler mais. É um *business* de paciência, resiliência e análise profunda. Somos pagos para tomar uma ou duas decisões por ano — de preferência, muito boas.

Ao mesmo tempo, quando fazemos o investimento, é importante saber trabalhar a psicologia de uma família, de um fundador ou de um grupo de executivos e mostrar como a empresa que eles tocam pode atingir seu verdadeiro potencial. Ou seja, os profissionais de private equity precisam ter uma combinação rara de paciência, grande capacidade de análise e, ao mesmo tempo, sensibilidade para o negócio e habilidade para conduzir a interlocução com todas as partes envolvidas. Não podem ficar escondidos atrás do computador. Com o tempo, descobrimos que, muitas vezes, é mais fácil formar esse talento em casa. Temos um programa de trainees desde 2002, e hoje muitos dos funcionários da Advent estão na empresa há mais de quinze anos.

Nossa atuação nas empresas que recebem investimentos é nervosa, de dinamismo e criação de valor. Mas é preciso saber dosar a velocidade dessa agenda. Acelerar demais é um problema, especialmente em empresas familiares, em que muitos dos processos estão na cabeça das pessoas. Perder essas pessoas antes de os processos estarem documentados pode fazer o negócio desmoronar. Ou seja, saber dosar as transformações é um ponto crítico.

Cometemos alguns desses erros ao comprar a Quero-Quero, uma rede gaúcha de varejo de materiais de construção. Quando adquirimos a empresa, em 2008, sua atuação era limitada ao interior do Rio Grande do Sul. Decidimos promover algumas mudanças necessárias, mas a forma de implementação foi terrível. Ao mesmo tempo em que fazíamos ajustes nos sistemas tecnológicos e implantávamos o SAP,* resolvemos transferir a sede para perto de Porto Alegre e colocar em prática um plano de expansão acelerado. Tudo isso com uma gestão nova e em 2009, ano em que a economia do

* Software de gestão empresarial.

Brasil entrou em recessão por conta da crise mundial. O resultado foi horroroso. A mudança de sede era importante para facilitar o acesso de profissionais de outros estados que viriam trabalhar na Quero-Quero. O problema foi que a maioria dos funcionários da empresa decidiu não ir para o novo escritório, o que fez com que perdêssemos muito da memória do negócio. Na troca de sistema, tivemos dificuldades para conciliar o caixa das lojas, o que levou à perda de faturamento.

Depois de muitos erros, pisamos no freio e fizemos ajustes no processo. A companhia só foi se recuperar de fato em 2011, mas decolou depois disso. A meta inicial era chegar a quatrocentas lojas; em 2019, tínhamos cerca de 330. O número é menor que o planejado, mas, ainda assim, é mais que o dobro de quando compramos a empresa. O faturamento passou de 600 milhões de reais em 2008 para mais de 1,6 bilhão de reais em 2019.

A jornada da Advent no Brasil é uma maratona, não uma corrida de cem metros. Estamos no país há mais de duas décadas e vamos continuar por aqui. O objetivo não é obter ganhos rápidos de curto prazo, mas ajudar a construir empresas com condições de crescer e gerar valor enquanto participamos do negócio e também depois que saímos. Esse é um dos nossos princípios. Quem comprou nossa participação em companhias como Kroton, Cetip e Totvs ganhou dinheiro. E por que isso é tão importante? Como buscamos continuamente nos associar a empresários e acessar o mercado de capitais, quem trabalha conosco deve saber que somos um sócio capaz de agregar valor no longo prazo. Para uma gestora com os nossos objetivos, o relacionamento com todos os *stakeholders* (empreendedores, famílias, investidores, assessores e executivos) é mais importante do que capturar ganhos fáceis numa transação. Acho que isso explica parte do nosso sucesso no país.

Por isso, nosso evento de saída é um momento muito importante, e já deixamos de fazer negócios quando tivemos dúvidas sobre esse processo. Foi o que aconteceu no caso da IMC, um grupo de alimentação que é dono de redes de restaurantes como Viena e Frango Assado. Em 2018, uma empresa do setor propôs comprar uma participação relevante na IMC, da qual temos 10% do capital.* Queríamos vender, e a oferta parecia boa. Mas, na negociação, ficou claro que poderia não ser o melhor negócio para os acionistas no longo prazo. O comprador ofereceu pagar metade do valor no ato. Em seguida, faria a integração de sua operação com a IMC por um valor a ser determinado no futuro. Com o aval do conselho da IMC, dissemos que só aprovaríamos a operação se tivéssemos visibilidade total do plano e das sinergias que seriam geradas com a junção das duas empresas, que teria um impacto sobre o retorno dos acionistas. O comprador não ofereceu essa transparência, então recomendamos não fazer a transação, que acabou não saindo.

O maior investimento no país

Desde que a Advent está no Brasil, investimos perto de 16 bilhões de reais em cerca de trinta empresas. O maior negócio foi feito em meados de 2018: a compra de 80% da operação brasileira do Walmart.** A preparação para esse aporte começou quatro anos antes, quando decidimos que uma das nossas prioridades seria investir em supermercados, setor defensivo em períodos de recessão e dificuldade econômica, como já previam os anos de 2015 em diante. Analisamos umas sessenta oportunidades no setor. Começamos a ter conversas com o Walmart e a avaliar a empresa em 2016. Trata-se da maior rede de varejo do mundo, que também é muito grande no Brasil, onde fatura cerca de 25 bilhões de reais e tem 55 mil funcionários, mas entregava prejuízos seguidos e necessitava de aportes anuais da matriz.

Em razão da nossa postura proativa, quando fizemos o investimento, havíamos não apenas identificado as razões por que a empresa não estava dando bons resultados no Brasil, mas também traçado o plano de como iríamos mudar isso e quais profissionais comandariam o processo. Luiz Fazzio, executivo que havia liderado

* A empresa é a Sapore, especializada em refeições coletivas.

** O Walmart decidiu mudar sua marca no Brasil para Grupo Big, em 2019.

a virada do Carrefour no Brasil entre 2010 e 2011, estava no nosso radar desde 2016 e assumiu o comando do Walmart. Além disso, em um processo que se estendeu até dezembro de 2018, trocamos dezessete dos principais executivos da empresa. Achávamos que, sem esses novos talentos, seria difícil executar o que queríamos.

Com essa equipe, começamos a tocar o processo de transformação do grupo em quatro frentes principais. Um dos erros da empresa foi ter investido muito em hipermercados, um segmento em declínio no Brasil, e pouco no atacarejo que, ao contrário, cresce muito no país.* A Maxxi, marca de atacarejo, estava abandonada, e resolvemos aumentar o número de lojas, além de ajustar o mix de produtos, o estoque, o visual das lojas e a política comercial.

Também passamos a investir mais do Sam's Club, que é a joia da coroa da companhia. Trata-se de um conceito único no Brasil: um clube de compras com uma oferta interessante de produtos, que combina importados de qualidade a mercadorias com preços baixos. Fizemos pesquisas para medir a satisfação dos clientes e descobrimos que a marca é bem-vista, e o serviço, bem avaliado. Além disso, a margem de lucro é excelente. Mas, apesar dessas vantagens, o Sam's também recebia poucos investimentos: fazia quase dez anos que uma nova loja não era aberta.

Montamos um plano agressivo para, no mínimo, dobrar o número de lojas Maxxi e Sam's Club no país em cinco anos.** Para fazer isso, começamos a transformar alguns dos hipermercados em lojas Maxxi e Sam's.

Por fim, alteramos a política comercial no Brasil. O conceito mundial do Walmart, de preço baixo todo dia, não pegou aqui. Os brasileiros gostam de promoções, de entrar na loja e, exagerando, encontrar cerveja a dez centavos — mesmo que outros produtos se-

---

* Lojas que vendem para pequenos comerciantes e consumidores finais, com sortimento menor, marcas próprias e em quantidades maiores. Por consequência, seus preços são geralmente mais baixos que os do varejo tradicional.

** Em agosto de 2019, a empresa anunciou que faria um investimento de 1,2 bilhão de reais em dezoito meses para modernização e ampliação de lojas.

jam mais caros que na concorrência. O Walmart não tinha isso, e suas lojas acabavam sendo vistas como mornas, ainda que tivessem bons preços. Fazer essas mudanças é um desafio, porque as margens do varejo são apertadas: dependendo do erro, pode acabar com o resultado anual de uma empresa. Mas estamos muito preparados para o desafio.

OS PRINCIPAIS CONSELHOS DE PATRICE ETLIN

Sobre investimentos

1 **Seja disciplinado na avaliação**
É possível mudar tudo em uma empresa investida (linha de negócio, gestão, estratégia etc.), mas nunca o preço que foi pago.

2 **Isole-se do barulho ao redor**
Em períodos de euforia, não embarque em uma corrida por modismos e preços altos. Em períodos de depressão, não deixe de investir porque o ambiente está ruim. Sempre se concentre nos fundamentos da empresa, e não no cenário macro.

3 **Seja persistente e ágil**
Não desista na primeira crise ou no primeiro sinal de dificuldade. Operamos em mercados voláteis, e sempre acontecerá algum evento não previsto. Seja ágil ao reagir e trocar o que for necessário.

4 **Avalie permanentemente a gestão das empresas**
É importante conhecer as lacunas das pessoas que estão comandando as companhias em que você pretende investir. A equipe é o maior diferencial no resultado dos negócios.

SUGESTÕES DE LEITURA

High Financier: The Lives and Time of Siegmund Warburg
Niall Ferguson

"É a biografia de um dos maiores banqueiros de investimento da história, que foi também um grande amante das artes na Europa nos anos 1950 e 1960."

The House of Rothschild
Niall Ferguson
"Obra em dois volumes, conta a história da maior dinastia familiar no mundo das finanças."

Financier: The Biography of André Meyer
Cary Reich
"Andre Meyer é considerado o mais criativo gênio financeiro no mundo de bancos de investimento. Assumiu a operação de Nova York do Lazard nos anos 1940, transformando-o no banco de investimento mais ousado na América do pós-guerra."

CAPÍTULO 11

Paulo Passoni

Sócio do grupo japonês Softbank, responsável por ajudar a investir o patrimônio de 5 bilhões de dólares de um fundo voltado para empresas na América Latina

Nada na infância e na adolescência de Paulo Passoni sugeria que ele se tornaria um investidor — e que adoraria a profissão. Filho de uma deputada federal, queria ser jogador profissional de vôlei. Depois de um intercâmbio nos Estados Unidos, decidiu estudar administração na Fundação Getulio Vargas, começou a trabalhar em bancos e, desde então, está no mercado financeiro. Fez MBA em Harvard, onde se formou como Baker Scholar (com desempenho de top 5% de sua turma), e também um mestrado de políticas públicas e governo na Kennedy School. Em seguida, atuou por cinco anos como analista na gestora norte-americana Eton Park, fazendo investimentos minoritários privados na América Latina. Em 2011, recebeu um convite para trabalhar na gestora Third Point, do conhecido investidor Dan Loeb. Passoni foi responsável pelos investimentos na América Latina da empresa, que, em 2018, tinha 18 bilhões de dólares de patrimônio. Em 2019, foi convidado pelo grupo japonês Softbank para ser um dos sócios responsáveis por administrar um fundo de 5 bilhões de dólares a ser investidos em empresas na América Latina. É casado pela segunda vez e pai de dois filhos.

Uma infância politizada

Sou filho de uma ex-freira com um professor de teologia e filosofia da PUC. Minha mãe, Irma Passoni, foi eleita deputada estadual pelo MDB em São Paulo no ano em que nasci, 1978.* Dois anos depois, ajudou a fundar o Partido dos Trabalhadores. Em 1982, 1986 e 1990, foi eleita deputada federal. Em 1994, resolveu ajudar o então ministro Sergio Motta a privatizar as empresas de telecomunicações e foi expulsa do PT. Ou seja, cresci em um ambiente político, indo para comícios e para Brasília com uma mãe que trabalhava com diferentes partidos com o objetivo de tentar melhorar o país. Com dez anos, ajudava a fazer os panfletos da campanha dela: aprendi a usar o Page Maker, um software de diagramação da época, e em troca os meus pais compraram um PC 386. Naquele período, as campanhas eram financiadas com o dinheiro de amigos e familiares. Nossa vida era uma grande aposta a cada quatro anos. Se minha mãe ganhasse, ótimo; caso contrário, a família teria dificuldades financeiras.

Como ela venceu várias eleições, meu pai acabou largando as aulas e virou seu braço direito. Era quem estava mais presente em casa, cuidando dos filhos — tenho uma irmã mais nova que produz filmes e documentários e está terminando um mestrado na Universidade Columbia. Minha mãe estava sempre trabalhando, de domingo a domingo. Eu e minha irmã nos incomodávamos com isso, mas hoje vejo que me ensinou a dar valor ao trabalho. Ela amava o que fazia e se dedicava muito a isso. Mesmo tendo origem religiosa, nunca nos disse no que acreditar. Também nunca fez imposições no campo político — tanto que sempre fui um cara de centro-direita. Quando estudava na FGV, acreditava no PSDB; hoje sou apoiador convicto do Partido Novo.

Quando tinha dez anos, decidimos deixar o bairro em que morávamos, o Jardim Ângela, na periferia da Zona Sul de São Paulo,

* Na época, o MDB era um partido que fazia oposição à ditadura no Brasil e apoiava reivindicações sociais. Entre seus principais quadros estavam Ulysses Guimarães e Mário Covas.

porque a região começou a ficar perigosa.* A comunidade cobrava da minha mãe uma intervenção na questão da criminalidade, e começamos a ser assaltados quase todos os finais de semana. Meus pais acharam que estava dado o recado de que deveríamos sair dali. Por conta dos problemas do bairro, não conseguimos vender a casa, e depois de um tempo o imóvel foi doado para a prefeitura, que o transformou num posto de saúde. Mudamos para Santo Amaro, também na Zona Sul de São Paulo, e eu fiquei mais próximo do colégio em que estudava, o Santa Maria. Todos os meus amigos tinham mais dinheiro que eu. Chegava à escola de fusquinha e, por um tempo, tive muita vergonha disso.

Aos doze anos, eu era muito alto. Um amigo disse que eu deveria tentar jogar vôlei no Banespa, de onde saíam os bons jogadores desse esporte na época.** Passei na seleção que o clube fazia, que era bem rigorosa, e fiquei três anos tentando virar profissional. Queria muito, treinava todos os dias, viajava para jogar, mas não deu certo. Quem joga bem aos doze anos não necessariamente vai ser bom mais tarde. Esse foi o meu caso. Eu tinha crescido rápido demais, mas, quando tinha dezesseis anos, já havia outros jogadores mais altos que eu. Poderia tentar ser levantador, posição que não exige tanta altura, mas não tinha a menor habilidade. Conclusão: na passagem do time mirim para o juvenil, fui cortado e vi que aquela carreira não era para mim.

Decidi tentar algo diferente e falei para os meus pais que queria fazer um intercâmbio para estudar inglês. Com dezesseis anos, fui para Ohio, nos Estados Unidos, e morei durante um ano com uma família. Não falava quase nada de inglês, mas achei que me entrosaria rápido jogando vôlei. Só que a escola não tinha um time masculino desse esporte. Tive de me adaptar de outro jeito, e acabou sendo

---

* O Jardim Ângela é um dos bairros mais pobres e violentos da capital paulista, segundo dados compilados no estudo Mapa da Desigualdade, divulgado em 2017 pela Rede Nossa São Paulo. De acordo com o estudo, um morador do Jardim Ângela vive, em média, 56 anos. A expectativa de vida do brasileiro era de 76 anos em 2017.

** O Banco do Estado de São Paulo (Banespa) era controlado pelo governo paulista. Em 2000, foi comprado pelo banco Santander num leilão de privatização.

uma experiência muito boa. Quando voltei para o Brasil, faltavam seis meses para terminar o colegial (atual ensino médio). Eu estudava no Augusto Laranja, um colégio muito bom, que dava bolsas para jogadores de vôlei. Não tinha ideia de qual faculdade escolher, e meus pais nunca tentaram me influenciar. Fui fazer cursinho para estudar o conteúdo que não tinha aprendido durante o intercâmbio e passei no vestibular de administração de empresas na Fundação Getulio Vargas em São Paulo.

Gostei muito da faculdade no começo, era um ótimo aluno. Mas, depois de dois anos, resolvi que queria fazer outra coisa. Tinha ouvido falar que, em São Francisco, o banco Bear Stearns oferecia vagas a estagiários, mas sem pagar nada.* Depois de um intercâmbio de verão na Universidade do Texas pela GV, comprei um carro usado e fui até a Califórnia para tentar uma entrevista no Bear Sterns. Era o auge da bolha da internet, em 1998, o banco estava precisando de gente, e acabei entrando.

Chegava ao escritório às cinco da manhã — porque trabalhávamos no horário de Nova York — e ficava lá até tarde. Minha função era ajudar os clientes a comprar e vender ações. Em 1998, muitas das negociações de ações eram feitas por telefone, e não por meios eletrônicos como hoje. Conheci o cofundador da eBay, Jeff Skoll, que era amigo do meu chefe, e antes de voltar para o Brasil lhe pedi um emprego. Mas, como eu não tinha visto permanente, não rolou. Fiquei nos Estados Unidos por seis meses e voltei com uma ótima história para contar, então não foi difícil conseguir estágios no Brasil.

Fiz três estágios de três meses, experimentando coisas novas. Trabalhei na mesa de operações de renda fixa do Unibanco Asset Management, depois fui para a área de fusões e aquisições do Deutsche Bank e, em seguida, para o setor de pesquisa na consultoria McKinsey. Depois disso, fui o primeiro estagiário de fusões e aquisições do banco Morgan Stanley no Brasil, onde me encontrei. O escritório era pequeno, com menos de dez funcionários, então fazíamos de

* O Bear Sterns quebrou durante a crise de 2008 e foi vendido para o JP Morgan.

tudo. Aprendi a avaliar empresas e a negociar transações. Fiquei um ano como estagiário e dois anos e meio como analista. Resolvi fazer um *joint-degree* MBA/MPP nos Estados Unidos — ou seja, um MBA junto com um mestrado em políticas públicas — e fui aceito na Harvard Business School e na Kennedy School. Os norte-americanos adoram uma história diferente, principalmente em Harvard, então acho que me deixaram entrar por isso. Estava muito empolgado, fui um excelente aluno e me formei no top 5% da classe.

Tive dois *summer jobs* (trabalho durante as férias de verão). Um deles foi fazendo pesquisas para dois professores da Harvard Business School, Josh Coval e Erik Stafford, ajudando a montar um curso voltado para quem queria trabalhar em fundos. O curso, que se chamava Dynamic Markets, era assim: os professores ensinavam diferentes tipos de estratégias de investimento; depois, os alunos precisavam simular investimentos, com base em dados reais, e quem ganhasse mais dinheiro tinha as melhores notas. O segundo *summer job* foi na gestora de fundos de private equity GP, no Brasil. Não deu certo, então voltei para os Estados Unidos para acabar o mestrado.

Um professor me disse que gestoras de fundos de hedge gostavam de contratar pessoas de perfis variados, de diferentes países, então fui procurar emprego nessa área.* O mercado estava aquecido, e acabei recebendo quatro ofertas. Em 2006, decidi trabalhar na Eton Park, uma gestora que acabara de ser criada por Eric Mindich, que havia sido o sócio mais novo da história do banco Goldman Sachs. Na Eton, ele estava procurando um analista de América Latina para trabalhar junto com o diretor da área, Dirk Donath. Fiquei cinco anos lá, fazendo principalmente investimentos minoritários em empresas de capital fechado, o que quase ninguém fazia na época, com exceção da gestora Gávea, de Arminio Fraga.**

Na Eton, um dos investimentos que coordenei foi a compra, em parceria com a gestora britânica Ashmore, de ativos da empresa

* Os fundos de hedge investem em diferentes mercados: ações, renda fixa, moedas etc.

** Arminio Fraga é um dos entrevistados deste livro. Ver capítulo 2.

norte-americana de energia Enron na América Latina.* Também participei do aporte na ERSA, empresa de energias renováveis criada pelo fundo Pátria. A ERSA acabou sendo vendida para a companhia de energia CPFL. Ajudei ainda em um investimento numa empresa de call center na Argentina, a Allus, que foi vendida para a brasileira Contax. No Brasil, em parceria com a incorporadora SDI, construímos dois prédios comerciais e dois galpões de logística. No período em que fiquei na Eton, o patrimônio do fundo passou de 3,5 bilhões para 15 bilhões de dólares. Cresci junto com a empresa, que teve resultados bons na época. Em 2007, o retorno foi de 37%, e quase não houve perdas em 2008, quando muitos gestores tiveram grandes prejuízos em razão da crise financeira. Já em 2009 e 2010, estávamos muito pessimistas e tivemos retornos abaixo do mercado.**

Um chefe diferente

Em 2011, recebi uma proposta da gestora Third Point, para fazer investimentos em empresas de capital aberto. Fui pesquisar sobre o fundador, Dan Loeb, e a primeira coisa que pensei foi que ele devia ser um cara difícil.*** Mas, ao mesmo tempo, a performance do fundo foi muito boa, de cerca de 20% anuais em média, durante quinze anos. Além disso, eu não achava que tinha perspectiva de crescer e virar sócio da Eton, então resolvi conversar. A conversa com Dan foi muito boa: ele é muito direto, e nos demos bem de cara, porque aprecio pessoas assim. No final, ele disse: “Se você vier para cá, terá

* A Enron pediu falência em 2001, depois que foram descobertas fraudes em seus balanços financeiros.

** Em 2017, Eric Mindich, fundador da Eton Park, decidiu encerrar o fundo e devolver o dinheiro dos investidores, depois de ter resultados ruins no ano anterior.

*** Daniel Loeb é um dos maiores investidores ativistas do mundo. Sua principal estratégia é investir em empresas problemáticas e pressionar por mudanças, inclusive de executivos. Um dos casos mais conhecidos foi a troca de comando do portal Yahoo, em 2012, quando Marissa Mayer assumiu a presidência.

de ficar em forma e fazer um triatlo em seis meses". Como gosto de desafios, topei tudo: mudei de emprego e comecei a treinar.

O primeiro livro que o Dan me deu foi o *Trabalhe 4 horas por semana*, de Tim Ferriss. Pensei: o cara está me dizendo para trabalhar quatro horas por semana? Só pode ser pegadinha. Na verdade, era um incentivo para ser mais eficiente. Depois, ele me disse que eu deveria fazer jiu-jítsu. Em algumas semanas, eu estava treinando triatlo e jiu-jítsu e lendo um livro sobre como não trabalhar e ser eficiente. Ficou claro que havia algo diferente ali. Claro, o trabalho também era interessante: investir em ações e no mercado de renda fixa na América Latina. Dan é uma das pessoas mais incríveis que conheci. Além de curioso intelectualmente, está sempre se adaptando e sendo criativo.

Para ser bem-sucedido, um investidor precisa saber se adaptar às mudanças de mercado. Algumas estratégias de investimento simplesmente envelhecem. Foi o que aconteceu com a chamada arbitragem de fusões e aquisições, cujo objetivo é ganhar dinheiro tentando antecipar o desfecho de alguma transação. O investidor pode, por exemplo, aplicar nas ações de uma empresa que está prestes a comprar outra acreditando que isso poderá valorizar esses papéis. No começo dos anos 1990, pouca gente investia assim, então os retornos, quando a aposta dava certo, chegavam a 30% ao ano. Quando mais investidores entraram nesse segmento, a rentabilidade caiu para 5%. A Third Point chegou a fazer isso. Depois, partiu para uma estratégia ativista — ou seja, de sugerir ou pressionar por mudanças nas empresas em que aplicava. Hoje a filosofia é mais construtiva, de trabalhar junto com as companhias para alcançar mudanças de longo prazo.

Com raras exceções, os investimentos de curtíssimo prazo (*trading*) não dão mais dinheiro, porque os algoritmos e a inteligência artificial dominaram esse mercado. As visões de prazo mais longo ainda são complexas demais para serem conduzidas por algoritmos, então nesse segmento os humanos têm uma vantagem — ao menos por enquanto. A Third Point é capaz de criar esse diferencial. Um exemplo disso foi o investimento feito na Baxter, uma empresa norte-americana do setor de saúde. Em 2015, a Baxter decidiu separar a área de equipamentos médicos do setor de produtos farmacêuticos, considerado a parte nobre do setor de saúde. A divisão de equipamentos hospitalares era o patinho feio, com margens operacionais muito abaixo dos competidores. O chefe de ações da Third Point, Munib Islam, conheceu José Almeida, um brasileiro formado em engenharia na Mauá* que havia feito sua carreira em grandes empresas de saúde nos Estados Unidos e sugeriu que Almeida chefiasse a divisão de equipamentos hospitalares. Ele topou e fez um belíssimo trabalho de mudanças na empresa. O importante nesse exemplo é compreender que quem entende de investimentos nem sempre é bom em gerir empresas. É melhor se concentrar em investimentos e encontrar a pessoa certa para fazer a gestão. Achar que um investidor terá sucesso no comando de uma companhia é o mesmo que considerar que quem joga bem videogames de guerra está apto a ir para uma batalha. Raramente dá certo.

Uma das funções de um investidor ativista é proteger o interesse dos demais acionistas. Outro é ajudar a melhorar as empresas. Ele nem sempre está certo, mas é um personagem importante para o mercado. Só que o ativismo requer um grau de confiança altíssimo, porque o investidor tem uma participação relevante no capital da companhia em que aplica e se torna muito envolvido com ela. Não pode simplesmente mudar de opinião e vender de uma hora para outra. E, se errar, coloca sua reputação em jogo.

O peso da política nos investimentos

Para investir na América Latina, é preciso entender a política e o ambiente macroeconômico da região. Não adianta apenas analisar as empresas. O lado positivo é que uma avaliação macro bem-feita também pode gerar oportunidades de ganho. Foi o que aconteceu

* Instituto Mauá de Tecnologia, em São Paulo.

num dos meus primeiros investimentos na Third Point, em títulos da dívida da Argentina. O país havia dado o calote em 2001 e, até 2012, estava em pé de guerra com alguns credores, que não aceitavam a reestruturação da dívida. Assim, os papéis do governo estavam muito baratos, porque os investidores não acreditavam que o país tinha solução. Mas nós pensávamos diferente. Cristina Kirchner, a presidente na época, estava perdendo apoio, e acreditávamos que ela não conseguiria mudar a Constituição para se reeleger. Na nossa opinião, quem ganhasse a eleição tornaria o país mais amigável a investimentos externos porque, sem isso, a Argentina iria afundar ainda mais e caminhar em direção ao que se tornou a Venezuela. Com essa convicção, fizemos um grande investimento em papéis da dívida argentina. Deu mais certo ainda porque o candidato que venceu era o preferido do mercado, Mauricio Macri.

Esse caso ajuda a explicar meu processo de investimento. Quando estou avaliando se vale a pena investir, monto um cenário-base, com o preço-alvo que acredito que o ativo — uma ação ou um título — pode atingir e a probabilidade de isso acontecer. Além disso, sempre tenho um cenário pessimista e um otimista, também com suas probabilidades e potencial de alta e baixa. No pessimista, estimo quanto dinheiro posso perder e qual é a chance de isso acontecer. É fundamental que essa conclusão seja levada em conta. A depender do risco, mesmo que o cenário-base seja bom, o investimento pode não fazer sentido. Não existe um número mágico. Uma probabilidade de 30% de levar prejuízo pode ser aceitável se a chance de ganho for interessante. Nos últimos treze anos de investimentos, devo ter feito essa análise mais de 120 vezes. Quanto mais experiência, melhor a análise.

Adquiri o costume de pensar dessa maneira probabilística, que ajuda a tornar a realidade de certa forma mais simples de analisar. Um investidor sempre pode perder dinheiro: o segredo do sucesso é limitar as perdas e ganhar na média, com a maioria das decisões. Meu histórico é o seguinte: acerto sete de cada dez investimentos em média. Avalio isso comparando meu desempenho com a média do mercado. Por exemplo, se decido comprar ações no Brasil porque acho que vou ganhar mais dinheiro assim do que no resto do mundo, meu desempenho tem de ser melhor que o dos índices globais de ações ajustado ao risco. Chamamos isso de gerar *alpha*. Se eu operasse apenas no Brasil, compararia meu resultado com o do Ibovespa, que representa a média do desempenho da Bolsa brasileira. O importante é se diferenciar, e não apenas ganhar dinheiro como todos os outros investidores estão fazendo.

Uma característica minha é investir em poucos ativos. Geralmente, tenho entre seis e sete apostas no portfólio — muitos gestores têm cerca de trinta, e alguns mais de cem! Faço isso porque gosto de ter convicção. Se não encontro oportunidades interessantes, prefiro não fazer nada. Acho isso saudável, porque evita que eu fique ansioso para investir. Consigo esperar por boas oportunidades. Meu retorno médio nos últimos sete anos na Third Point foi de 17% ao ano em dólares (no mesmo período, o índice MSCI Latin America, que mede retornos na região, andou de lado).

Uso cerca de 30% do meu tempo para monitorar os investimentos que tenho e o restante para buscar novas ideias. E as ideias podem vir de diferentes lugares: de uma notícia, de uma conversa, uma mudança de mercado que aconteceu e percebi... Não consigo acompanhar tudo, obviamente, então sei que vou perder oportunidades, mas preciso ter de seis a sete boas ideias por ano. Minha rotina inclui muitas reuniões — no escritório e fora, com as empresas que acompanho. Mas é importante reservar alguns dias na semana para pensar, sem nenhum compromisso marcado. Faço isso às segundas e às sextas. Tenho uma casa na praia perto de Nova York e trabalho de lá às segundas e sextas no verão, o que me ajuda a ficar concentrado.

Também gosto muito de encontrar pessoas que não são do meio financeiro, especialmente empreendedores. Muita gente brilhante está montando empresas hoje em dia, e quero ter contato com isso. Invisto em várias startups, no Brasil e nos Estados Unidos, o que me ajuda a imaginar o futuro dos negócios que acompanho. Para entender o setor bancário atualmente, é necessário conversar com as fintechs (startups da área financeira). A maneira tradicional de analisar empresas e setores que estão sendo transformados pela tecnologia não serve mais. É preciso tentar imaginar como será o futuro e quais companhias conseguirão crescer e ganhar dinheiro lá na frente, além de entender quando as mudanças farão diferença de fato no resultado das empresas incumbentes.

Resolvi sair da Third Point porque os investimentos que mais me deram retorno, em termos percentuais, tanto na gestora como na pessoa física (minhas startups), foram teses de crescimento. Pensei em criar minha própria empresa, mas acabei sendo convidado pelo Softbank para ser um dos responsáveis por investir o capital de 5 bilhões de dólares de um fundo voltado para a América Latina. O objetivo é buscar companhias com alto potencial de crescimento (*growth investing*). Esse tipo de investimento é tido como arriscado por muitos profissionais porque esses negócios geralmente estão em fase inicial e têm um risco de *de-rating* de múltiplos. Mas, depois de dez anos estudando o segmento, vi que é exatamente o oposto: empresas que estão crescendo muito costumam ter vantagens competitivas. No longo prazo, podem ser menos arriscadas. É claro que há negócios que não vão para a frente, por isso é preciso analisar a fundo e entender onde estão as oportunidades.

A dificuldade de fazer esse tipo de investimento na Third Point é a falta de liquidez dos ativos — portanto, é necessário ter capital de private equity. Na Third Point, fiz mais de cinquenta IPOs (sigla em inglês para oferta inicial de ações) e, ao longo do tempo, percebi que era muito melhor ajudar o CEO ou fundador da empresa a navegar o processo de abertura de capital do que tentar ser cético como a maioria dos investidores. Isso me permitiu ter um diálogo construtivo com as empresas logo no início do processo, o que levou a um entendimento muito do bom das oportunidades. A maioria das ofertas não faz muito sentido, mas existem empresas excelentes que querem ser negociadas na Bolsa. Entendê-las antes dos outros é algo muito valioso.

Deixando dinheiro na mesa

No Brasil, é difícil ser um investidor ativista porque a grande maioria das empresas tem dono. É ele quem manda, então há pouco espaço para o investidor sugerir ou fazer mudanças. Nos Estados Unidos, ao contrário, muitas têm o controle pulverizado na bolsa, então não existe o poder do controlador. Isso deve mudar ao longo do tempo, quando as empresas de *growth* (alto crescimento) chegarem ao mercado brasileiro.

Meu primeiro investimento no Brasil foi a compra de ações da rede de farmácias Droga Raia, em 2011. Foi bom e ruim ao mesmo tempo. Conheci a Raia durante meus anos de Eton Park. Meu chefe no Eton, Dirk Donath, tinha criado uma rede de farmácias na Argentina chamada Farmacity, então estudamos o setor. Quando estava na Third Point, a Raia tinha feito IPO e havia acabado de anunciar uma fusão com a Drogasil. Existia a possibilidade de a fusão não ser aprovada, mas eu achava que era um risco baixo e que a ação valeria muito mais após a união das duas empresas, com as sinergias de operação. Comprei e ganhei 40% em seis meses. Achei que tinha valorizado muito e vendi. Foi um grande erro, porque a ação multiplicou por cinco nos anos seguintes. Ganhei 20 milhões de dólares, mas poderia ter levado quase 300 milhões. Esse caso ensinou uma lição importante: o fato de parecer cara nem sempre impede a empresa de se valorizar. No extremo oposto, companhias baratas podem ser investimentos ruins. O que faz diferença é o potencial de crescimento e quantos anos de expansão a empresa pode ter antes que competidores entrem no jogo.

Chamo esse equívoco cometido no caso da Raia de erro tipo 2: é uma situação em que o investidor tem todas as informações e, portanto, possibilidade de ter ganhado dinheiro, mas deixou na mesa porque não investiu — exatamente o que aconteceu comigo. Erros tipo 1 são aqueles que você fez e perdeu dinheiro.

Também acertei e errei ao investir nas ações da empresa de educação Anhanguera, em 2014. Já havia sido anunciada a fusão entre a empresa e a concorrente Kroton, mas não se sabia se o negócio ia ser aprovado pelo Cade.* Apostamos que sim. Só que a análise do

---

* Sigla de Conselho Administrativo de Defesa Econômica. É um órgão ligado ao Ministério da Justiça, responsável por analisar as práticas concorrenciais no país.

Cade demorou muito e, quando saiu, as ações da Kroton tinham valorizado mais que as da Anhanguera. A Kroton então propôs rever o valor da compra, que seria paga, em parte, com ações. Mesmo com a redução, era um valor interessante. Os controladores da Anhanguera aceitaram, a fusão saiu e ganhamos muito dinheiro apostando nos incentivos dos acionistas de ambos os lados. Depois de um tempo, o governo mudou as regras do Fies, o programa público de financiamento estudantil. Eu achava que o Fies tinha grande importância política e seria reduzido apenas de forma marginal. Estava errado, e a queda foi grande. As ações da Kroton que passei a deter com a fusão caíram, e tive prejuízo.

Um tipo especial de oferta de ações são as privatizações ou as vendas parciais das ações detidas pelo governo em empresas estatais. Os investidores costumam ser bem céticos com essas companhias, que estão longe de serem bem geridas, mas que, justamente por causa disso, têm muito potencial. Ganhei dinheiro investindo, em 2017, no IPO da resseguradora IRB, porque os investidores estavam pedindo descontos no preço pelo fato de a empresa ser uma antiga estatal e ninguém entender que resseguro no Brasil é uma jabuticaba — a cessão de prêmios é feita em reais em vez de dólares, e há nichos como o seguro agrícola vinculado a empréstimos do Banco do Brasil. Tenho histórias muito semelhantes na oferta da BB Seguridade e da BR Distribuidora. O próximo ciclo de privatizações no Brasil pode ser muito bom para os investidores.

Já no Chile tive problema com a abertura de capital da La Polar, uma varejista de vestuário. A empresa estava saindo de um processo de reestruturação de dívida e precisava de investimento. O plano dos executivos era usar metade dos recursos captados na bolsa para melhorar o negócio e outra metade para reduzir o endividamento comprando sua própria dívida dos bancos a dez centavos por dólar devido, algo essencial para criar valor para o acionista. Mas, depois da operação, a companhia resolveu que não ia mais reduzir a dívida, o que gerou valor para os bancos chilenos, e não para os acionistas da La Polar. Meu equívoco nesse caso, e de outros investidores também, foi não ter colocado esse compromisso num contrato. Perdi cerca de 40% em seis meses. Quando erro, acho importante analisar os motivos e usar isso para evitar problemas em novos investimentos. Também acho fundamental reconhecer o erro e seguir em frente. É comum ver investidores insistindo numa tese furada, achando que o negócio vai se recuperar — isso só aumenta as perdas.

Vale a pena criar um Pre-Mortem antes de investir. O Post-Mortem — entender o problema *ex post* — é importante também, mas o Pre-Mortem ajuda a imaginar o que pode dar errado antes de acontecer. Trata-se de algo valioso porque, quando um problema acontece e você já o havia imaginado, consegue reagir mais rápido. Quem não faz isso geralmente fica propenso a insistir na tese de investimento, o que é muito comum entre os investidores de ações — e que pode aumentar muito o prejuízo. O Pre-Mortem é quase como um seguro mental que protege o investidor de perdas muito grandes quando ele se equivoca.

OS PRINCIPAIS CONSELHOS DE PAULO PASSONI

Sobre investimentos

1 **Avalie diferentes cenários**
É importante medir as chances de ganhar e perder dinheiro em várias situações possíveis, não apenas nas consideradas mais prováveis.

2 **Saiba ficar parado**
É preciso ter convicção para investir — se as dúvidas forem relevantes, é melhor não fazer nada.

3 **Dê importância à política**
Na América Latina especialmente, faz diferença analisar o ambiente político e a situação macroeconômica antes de investir em ações e títulos de renda fixa.

4 **Entenda a limitação dos números**
Analisar os resultados das empresas é importante, mas não suficiente para definir um investimento. O time de gestão, a história,

a vantagem competitiva e as perspectivas do negócio também são relevantes.

5 **Admita os erros rapidamente**
É importante avaliar os investimentos com regularidade (a cada seis meses) e reconhecer quando é melhor vender. Insistir numa tese furada só aumenta as perdas.

SUGESTÕES DE LEITURA

Thinking in Bets
Annie Duke
"Explica o que eu mencionei sobre fazer investimentos ajustados ao risco que, ao longo do tempo, têm valor esperado positivo. Subestimar cenários diminui muito o entendimento de risco e da realidade."

Reminiscências de um especulador financeiro
Edwin Lefèvre
"Livro antigo que é brilhante ao abordar a psicologia do investidor e também ao explicar que estratégias vencedoras são arbitradas por novos entrantes no mercado ao longo do tempo. Os exemplos são de investimentos de curto prazo que, na época, davam dinheiro. Vale lembrar que hoje os fundos quantitativos e a inteligência artificial dominam o segmento de curto prazo, então não recomendo esse tipo de investimento."

De zero a um
Peter Thiel
"Se o negócio que você quer criar já existe, é porque não está inovando! A grande arbitragem disponível para os investidores hoje é de prazo: se o gestor não tem capital de longo prazo, invariavelmente vai se importar com o curto prazo e, nesse jogo, as máquinas levam vantagem. O livro ajuda a entender esse processo."

CAPÍTULO 12

Roberto Vinhaes

Fundador das gestoras Investidor Profissional e Pipa Global Investments

Fascinado por finanças desde os doze anos, Roberto Vinhaes se emancipou na adolescência para poder investir por conta própria. Formou-se em engenharia civil e de produção na PUC do Rio de Janeiro e, com o lucro que obteve nos mercados de ações e opções, comprou uma fazenda de cacau no interior da Bahia. Passou dois anos no campo "vivendo a vida real", como gosta de dizer. Voltou ao mercado financeiro em 1988, depois de a Bolsa ter despencado em meio ao fracasso de mais um plano econômico, porque achava que havia oportunidades: ações de boas empresas estavam sendo negociadas com desconto. Passou a assessorar investidores locais e estrangeiros interessados em aplicar na Bolsa brasileira. Em 1988, fundou com o sócio Christiano Fonseca Filho a Investidor Profissional — a primeira gestora de recursos independente do país e até hoje uma referência no mercado nacional (seu principal fundo rendeu cerca de 14 500% de 1994 a 2019). No ano 2000, a IP passou a investir em ações no exterior, sob o comando de Vinhaes. Em 2014, ele se mudou definitivamente para Londres e, dois anos depois, saiu da IP para montar outra gestora, a Pipa Global Investments, que tem 150 milhões de dólares de patrimônio e investe exclusivamente no mercado externo. Vinhaes também fundou e coordena o Instituto Pipa, que tem uma parceria com o MAM do Rio de Janeiro e apoia artistas plásticos brasileiros. Tem 56 anos, é casado há 32 e pai de dois filhos.

Vivendo a vida real

Até hoje não consigo explicar direito por que entrei no mundo dos investimentos. Com uns doze anos, vi algo que me atraiu e passei a acompanhar o mercado. Em 1978, com dezesseis anos, me emancipei para poder operar. Nessa época, o mercado de opções começou a funcionar no Brasil, e pouquíssimas pessoas sabiam minimamente como fazer contas para tentar lucrar com esses instrumentos.* Para quem sabia, era como pescar em aquário: dava para montar operações quase sem risco e ganhar dinheiro.

Enquanto operava, resolvi também estudar engenharia de produção na PUC do Rio de Janeiro. Gostava muito de matemática e física, as matérias que fazem parte do ciclo básico do curso de engenharia. Os professores queriam que eu me dedicasse exclusivamente à física. Eu não queria ser o cara mais rico do mundo, mas, já naquela época, sabia que queria ter um padrão de vida melhor que uma carreira de físico me proporcionaria.

Segui investindo até o Plano Cruzado, em 1986. O plano foi feito para controlar a inflação, que era altíssima na década de 1980, e a euforia com a possibilidade de que o problema fosse resolvido fez a Bolsa subir muito. Vendo aquela alta, resolvi vender tudo. Não sabia que o plano daria errado e a Bolsa teria anos terríveis, como acabou acontecendo, mas aquela valorização me chamou a atenção. Achei que era exagerada. O pouco que eu tinha acabou virando um patrimônio legal, e decidi usar esses recursos para mudar de ramo: saí do mercado e comprei uma fazenda de cacau no interior da Bahia. Meu plano era viver a "vida real" e ver como eu me saía.

Descobri que é relativamente fácil ganhar dinheiro com cacau. Depois de plantar, é possível começar a colher em até oito anos, e a planta continua economicamente viável durante cerca de oitenta anos. Naquela época, o negócio era melhor ainda graças às distor-

* Opções são contratos que dão o direito de comprar ou vender um ativo, durante determinado período, por um preço prefixado. Podem ser usadas como proteção ou como forma de fazer um investimento de maior risco.

ções do mercado financeiro no Brasil. A inflação estava em torno de 300% ao ano, e havia um financiamento no Banco do Nordeste com juros anuais de 80%. Ou seja, o empréstimo saía praticamente de graça depois de um tempo. Além disso, como exportava em dólares, minha receita ficava protegida da inflação local. Para completar, a maioria dos fazendeiros não estava preocupada em melhorar a produtividade ou a eficiência da distribuição, então havia espaço para eu aumentar a rentabilidade com mudanças simples. E, graças ao meu background, operava minha produção e de outros fazendeiros na bolsa de Chicago, o que me rendia um ganho extra.

Quando o Plano Cruzado deu errado e a Bolsa caiu 95% em dólar, pensei: "Bom, agora não dá para ficar no meio do mato falando de semente". Havia muitas oportunidades no mercado: ações de boas empresas sendo negociadas com um desconto incrível. Resolvi voltar a investir e me tornei cliente da corretora Nacional. Mal comparando, a Nacional era como se fosse a XP de hoje — ou seja, gostava de ter pessoas físicas como clientes. Tinha salões e mais salões onde aposentados ficavam acompanhando o mercado e investindo. Meu corretor era Christiano Fonseca Filho, o Crico. Um dia, ele me disse: "Nenhum desses caras consegue ganhar dinheiro na Bolsa, só você. Qual é o segredo?".

Na prática, o que eu fazia de diferente era analisar e comparar os resultados das empresas, o que não era muito fácil naquele tempo. Para ter acesso aos dados completos dos balanços, precisava ir à Comissão de Valores Mobiliários e contar com a boa vontade dos funcionários públicos bem típicos que trabalhavam por lá e me consideravam o chato que estava sempre pedindo alguma informação. Como eu não queria gastar com xerox, copiava as informações de que precisava. Depois, registrava tudo no computador, montava umas tabelas e tomava decisões de investimento.

"Se não derreter a quarenta graus, vamos fazer igual"

Após uns meses, Crico e eu montamos uma sociedade e passamos a investir para conhecidos – *family and friends*. Para mostrar o que estávamos fazendo e conseguir mais clientes gastando pouco, resolvemos montar uma revista, a *Investidor Profissional*, que era distribuída todo fim de semana. Ganhamos um *share of mind* legal.

Em 1990, o governo permitiu que investidores estrangeiros pudessem aplicar na Bolsa brasileira, por meio do anexo 4. Achei que era nossa chance de crescer. Na época, os principais bancos de investimento no Brasil — Garantia, Icatu e Pactual — estavam olhando para o mercado de dívida e para as oportunidades que poderiam ser geradas por privatizações. Éramos praticamente os únicos especializados no segmento de empresas privadas. Passamos a entrar em contato com investidores estrangeiros e nos vender como pessoas capazes de decifrar a Bolsa brasileira e ajudá-los a ganhar dinheiro nesse mercado. Não tínhamos nenhum contato: pegávamos a lista telefônica e saíamos ligando. Esse tipo de postura é recorrente na minha vida: na dúvida, experimento para ver se rola.

Também achava que podia ter sucesso aplicando no Brasil o que já funcionava nos Estados Unidos e na Inglaterra. Pensava assim: "Se não derreter a quarenta graus, vamos fazer igual". Lá fora, o mercado de gestoras independentes, ou seja, não ligadas a bancos, estava crescendo muito, e isso não existia no Brasil. A figura do gestor independente sequer era regulamentada. Para fazer algo parecido com uma gestão independente seguindo as regras, montamos uma consultoria destinada à administração da carteira de investidores.

Em 1993, a CVM regulamentou nosso mercado, e a Investidor Profissional se tornou a primeira gestora de recursos independente do país. Crescemos muito a partir daí, porque pudemos captar mais recursos e ainda havia oportunidades extraordinárias na Bolsa. Muitas ações estavam com preços ridículos simplesmente porque ninguém prestava atenção. Era o caso de, por exemplo, Lojas Renner e Saraiva (que não estava na situação complicada de hoje). Fizemos ótimos negócios. Nada como não ter concorrência.

Também nessa época passamos a ter um contato mais próximo com as empresas em que investíamos, ou nas quais queríamos investir. Mostrávamos que elas podiam melhorar sua estrutura de capital para crescer, lucrar mais ou simplesmente não serem engolidas por concorrentes estrangeiros, já que o mercado brasileiro estava se abrindo para o exterior. Quando concordavam com o projeto, fazíamos a assessoria. Não cobrávamos nada por isso: o objetivo era ganhar quando a empresa passasse a ser mais rentável, o que faria sua ação valer mais — e nós e outros acionistas seríamos beneficiados. Desde aquela época, nossa visão era de longo prazo. Vi muita ação ser considerada cara, dobrar de valor e depois triplicar. O importante é enxergar os fundamentos das companhias.

Em determinadas situações, dávamos ideias de negócios às empresas. Foi o caso com o grupo Villares, no fim da década de 1990. A companhia tinha capital aberto naquela época e atuava em diversos ramos — aço, equipamentos industriais, motores. Produzia até mesmo equipamentos para o projeto nuclear brasileiro. Todos davam prejuízo, menos o de fabricação de elevadores. Decidi então procurar Paulo Villares, que era o representante da família na empresa, e propor um *spin-off* da unidade de elevadores. Expliquei que essa área valia mais que o grupo todo, mas, do jeito que estava, o valor ficava escondido. Com a separação, todos os acionistas ganhariam mais. Ele topou, e assim surgiu a Atlas Elevadores, que depois de alguns anos foi vendida para a suíça Schindler. Em três anos e meio, do fim de 1995 ao início de 1999, nosso retorno total foi de 527%.

Além disso, monitorávamos as características de todos os tipos de ações negociadas e as mudanças nos estatutos das empresas. As regras do mercado de capitais eram bem menos rígidas do que hoje, e havia diversas exceções. Dava para ganhar muito dinheiro só fazendo isso, mas o risco de prejuízo também era grande. Não adianta descobrir um negócio espetacular se você não consegue faturar com ele.

Nos anos 1980, comecei a acompanhar Warren Buffett quando ele ainda não era um pop star, mas já tinha retornos excepcionais.* Todos os anos, a Berkshire Hathaway, sua empresa de investimen-

* Dono de uma fortuna de 82,5 bilhões de dólares em 2019, o norte-americano Warren Buffett é um dos maiores investidores do mundo. Comanda a empresa de investimentos Berkshire Hathaway. Sua carteira rendeu, em média, 18,7% ao ano de 1965 a

tos, publica uma carta detalhando suas estratégias, mas naquela época não tínhamos acesso ao conteúdo no Brasil. Resolvi escrever para Buffett, perguntando se poderia enviar os textos. Ele respondeu que sim, mas ressaltou que o frete para o Brasil era caro — não esqueço o número, custava dezesseis dólares. Mandei uma nota de vinte dólares para ele pelo correio e recebi as cartas. Fiz isso por alguns anos, até que os textos começaram a ser publicados na internet.

Por meio de Buffett, comecei a acompanhar o mercado internacional. No ano 2000, decidi que a IP deveria investir parte dos recursos fora do Brasil. Alguns investidores, e concorrentes também, diziam que éramos loucos e arrogantes. Perguntavam como íamos fazer para acompanhar o mundo. Mas uma das características dos bons investidores é justamente a arrogância. As outras são ser cabeça-dura e atirado — ou seja, fazer primeiro e perguntar depois.

A verdade é que o processo é menos complexo do que parece. Como no Brasil, a chave é analisar as pessoas que estão comandando os negócios. Sendo assim, faço uma primeira triagem de empresas que valem a pena. Claro que não dá para acompanhar o mundo inteiro, mas dá para monitorar decentemente uma dúzia de companhias. Em seguida, faço contas para ver a que preço compensa investir. E espero até a oportunidade chegar.

Cansado de oba-oba

A partir de 2003, quando houve uma euforia com o Brasil e a Bolsa local passou a subir muito, a IP captou bastante dinheiro. Tínhamos um histórico longo e bom, o que facilitava. O problema era a dificuldade de investir esses recursos. O mercado brasileiro é pequeno, e as ações estavam caras porque a demanda era grande. Havia diversas aberturas de capital, mas acho um problema comprar o papel de

2018, mais que o dobro do retorno do S&P 500, um dos principais índices de ações da Bolsa de Nova York.

empresas novatas. A assimetria de informações é enorme: os donos e os assessores que estão estruturando a abertura de capital sabem muito, e o restante do mercado, pouco. Quando eu falava isso para os outros sócios da IP, diziam que eu estava ficando velho, que não entendia como o mercado funcionava. Respondi: "Verdade, estou ficando velho e velho não pode ficar nervoso". Em 2006, decidi tirar um período sabático e fui morar em Londres. Foi um dos maiores erros que cometi.

Dois anos depois, a IP estava um horror. A visão da equipe era que a crise internacional de 2008 era uma marolinha que não teria impactos mais sérios no Brasil e que a nossa economia estava ótima. Eu não concordava. Além disso, a performance estava ruim: o fundo perdeu 40% em 2008, praticamente o mesmo que o Ibovespa. Ou seja, não havíamos sido capazes de gerar nenhum valor para os cotistas. Decidi voltar para a gestora.

Quando cheguei, mandei 70% dos funcionários embora, além de dispensar a maioria dos clientes, para termos um tamanho adequado para gerar retorno. Idealmente, uma gestora deve ser minimalista e ter, no máximo, vinte investimentos — o melhor são doze — e cerca de vinte cotistas. O dia tem apenas 24 horas, e preciso estar bem informado: expandindo demais, não consigo dar conta de tudo. Nossos principais investidores são empresários, ex-empresários ou executivos, que analisam as coisas da mesma forma que a gente. Nunca tem ninguém perguntando o que a gente acha do próximo trimestre ou da oscilação do câmbio. Eles querem saber, na nossa opinião, qual será a próxima inovação que poderá transformar — para melhor ou pior — um setor.

Crico aceitou as mudanças, mas não concordou com muitas delas, e acho que esse foi o embrião da nossa separação, anos mais tarde. Temos trinta anos de história, uma parceria incrível que gerou muito valor para os sócios e os investidores da IP. Mas somos absolutamente diferentes. Ele é um cara comercial que gosta de agradar as pessoas e de quem todos gostam. Eu, em geral, sou duro e objetivo. Crico se preocupava, por exemplo, com o fato de a rotatividade de profissionais da IP ser alta. Eu achava que precisava ser assim —

caso contrário, era um sinal de que não estávamos selecionando as melhores pessoas.

Com a crise no Brasil, passei a investir cada vez mais no exterior. Em 2014, me mudei para Londres de novo e deixei a IP oficialmente dois anos depois. Mantive 10% do capital da gestora — Crico tem outros 10% — e reuni os investimentos que já estava fazendo no mercado externo numa nova gestora, a Pipa Global Investments. A equipe é mínima: quatro gestores, quatro analistas — eu sou um deles — e uma pessoa responsável por administrar a empresa. Parte dos profissionais fica no Brasil e parte em Londres. A Pipa também mantém um instituto que apoia artistas plásticos brasileiros, onde toda a equipe da gestora precisa também atuar como voluntária.

Acertar no atacado, errar no varejo

O que mais faz diferença no retorno de um investimento é a qualidade da gestão da empresa. Quando adquirimos ações da Renner, estávamos na verdade comprando José Galló, que presidiu a empresa por quase vinte anos, com bastante sucesso. Em segundo lugar vem o fato de o interesse da administração estar alinhado ao dos acionistas e, em terceiro, o plano de negócios.

Também é importante fazer uma análise multidimensional das empresas e dos setores em que estão inseridas. Para ficar no exemplo da Renner: quando os juros sobem, alguns analistas afirmam que isso pode prejudicar as vendas, porque dificulta as compras parceladas. É verdade, mas há um fator muito mais importante, que são os produtos de outros segmentos, especialmente os celulares. Se o cliente resolve trocar de celular, sobra menos dinheiro para gastar com roupas. Os concorrentes da Renner estão em diferentes mercados. Galló sabia disso, e um bom investidor também precisa levar esse fato em conta.

No exterior, meus melhores investimentos foram feitos no meio da crise de 2008, quando as ações de empresas muito boas estavam baratas. Apliquei nos papéis de AB InBev, Amazon, Berkshire Hathaway, General Electric, Microsoft. Algumas dessas companhias voltaram a dar bons retornos anos mais tarde. Foi o caso da GE. Em 2017, a empresa, que é um ícone norte-americano e por muitos anos foi sinônimo de boa gestão e inovação, estava passando por uma crise e havia perdido metade do valor de mercado. O CEO resolveu então fazer uma mudança no conselho de administração: mandou nove conselheiros embora e colocou três no lugar. Entre eles estava Lawrence Culp, que eu já conhecia fazia um tempo. Ele havia sido presidente de uma empresa industrial norte-americana que pouca gente conhece, a Danaher, e teve uma atuação bastante positiva por lá. Quando ele foi para a GE, decidi investir, por achar que ele ajudaria a fazer o que fosse necessário para fazer a empresa crescer de novo. E assim foi: a GE fez o *spin-off* de diferentes negócios, cortou custos, melhorou a gestão. Em 2018, cerca de 10% do patrimônio do fundo Pipa Global estava aplicado em ações da GE. No ano seguinte, até junho, os papéis valorizaram cerca de 40%.

Outro bom investimento foi a compra de ações da Microsoft em 2010, quando muitos analistas diziam que a empresa estava acabada e que o futuro seria a Apple. Eu pensava o seguinte: isso vai acontecer no mercado de varejo, mas duvido que as grandes empresas troquem todos os seus servidores e sistemas para Apple. E a Microsoft não ficou parada: mudou a gestão e o plano de negócios e, de 2010 a 2019, a ação valorizou quase cinco vezes.

Perdi dinheiro com a varejista norte-americana JC Penney. Comprei suas ações em 2011, quando a companhia contratou como CEO o executivo que havia criado a Apple Store.* O objetivo era remodelar a estratégia de varejo da companhia. Achei o projeto interessantíssimo. Meu erro foi ignorar o fato de ele não contar com o apoio irrestrito do conselho para tocar o projeto. A transição de um modelo velho para um novo é sempre muito difícil: perdem-se clientes antes que outros sejam conquistados. Isso aconteceu na JC Penney, mas a companhia

* O executivo é o norte-americano Ron Johnson.

deveria ter insistido e esperado que o processo fosse concluído. Em vez disso, o CEO foi demitido depois de dois anos e substituído por seu antecessor. Quando isso aconteceu, vendi tudo, com prejuízo.

Também cometi alguns erros de omissão. Nesses casos, em geral não consegui compreender o *pricing power* de algumas empresas. Foi o que ocorreu com a Ticketmaster, empresa de venda de ingressos. O preço subiu, subiu, subiu tanto que achei que era hora de vender. O valor médio dos ingressos era de 35 dólares, que considerei alto. Não consegui antecipar o impacto que a mudança no mercado fonográfico teria na companhia. Com o surgimento de plataformas digitais de música — como o Napster, primeiro, e o Spotify, mais tarde —, a receita com a venda de discos diminuiu. Isso forçou os artistas a fazerem mais shows para ganhar dinheiro. Por isso, vemos Rolling Stones, Bruce Springsteen e outros velhinhos rebolando ao redor do mundo.

O bom gestor sabe que vai errar. O importante é acertar no atacado, perder no varejo e gerar retorno absoluto ao longo do tempo. Meu negócio não é ganhar taxa de administração ou de performance. Como boa parte do patrimônio do fundo da Pipa é meu, quero ganhar dinheiro de verdade. Não faço conta para saber qual foi meu rendimento acumulado nesses anos todos. Sei que Crico e eu começamos a IP com 4 mil dólares e, depois disso, nunca mais colocamos um centavo na empresa. Muita gente ficou rica conosco, tanto pessoas que trabalharam na gestora como investidores. E nós também ficamos bem.

OS PRINCIPAIS CONSELHOS DE ROBERTO VINHAES

Sobre investimentos e carreira

1 **Analise a gestão da empresa antes de investir em suas ações**
Pesquise o histórico, os acertos e os erros dos responsáveis por comandar a companhia, e veja também se seus interesses estão alinhados com os dos acionistas. Isso pode fazer uma grande diferença no retorno da ação.

2 **Fuja do oba-oba**
Desconfie quando a maioria dos investidores está otimista e disposta a pagar quase qualquer preço na Bolsa. As ações que todo mundo quer comprar geralmente estão caras. Prefira papéis de boas empresas que são negociados com desconto.

3 **Evite aberturas de capital**
A assimetria de informações é muito grande: os donos das empresas que pretendem ter ações negociadas na Bolsa sabem muito sobre seus negócios, e o mercado, pouco.

4 **Tenha visão de longo prazo**
Investir na Bolsa esperando ganhar dinheiro em poucos meses é um cassino. A melhor estratégia é analisar as empresas a fundo e estar disposto a manter suas ações por vários anos.

5 **Não tenha medo de experimentar**
Testar novos modelos de negócios é difícil. Mas é importante correr riscos calculados para inovar.

SUGESTÕES DE LEITURA

Trilogia da Fundação

Isaac Asimov

"Além de escritor, Isaac Asimov foi professor de bioquímica na Universidade de Boston. Nascido numa família de judeus russos que emigraram para Nova York em 1923, quando ele tinha três anos, escreveu e editou mais de quinhentos livros sobre os mais variados assuntos. Suas obras mais conhecidas são as de ficção científica. A *Trilogia da Fundação* tem uma das tramas mais brilhantes que já li. Conta a história da queda de um vasto império interestelar que, quando se dá conta de que o fim é inescapável, começa a armazenar e organizar seu conhecimento na tentativa de acelerar o estabelecimento de um sucessor. O livro serviu de base para outras histórias ambiciosas de ficção científica, como *Guerra nas estrelas* e *Jornada nas estrelas*."

Criatividade S.A.

Ed Catmull

"Escrito por um dos fundadores da Pixar — junto com Steve Jobs e John Lasseter — e pioneiro no campo da computação gráfica, é um livro sobre criatividade no mundo dos negócios. Foi a primeira obra a mergulhar no centro nervoso da Pixar, descrevendo suas reuniões, seus fracassos e suas sessões de '*braintrust*', onde foram criados alguns dos filmes de maior sucesso da história do cinema. Catmull revela os ideais e as técnicas que fizeram a Pixar ser tão admirada — e lucrativa. O autor conta como criou um ambiente único para proteger o processo criativo. Algumas de suas lições podem ser aplicadas em praticamente todos os tipos de negócios. Dois exemplos: 1) dê uma boa ideia a uma equipe medíocre, e essa equipe irá estragá-la, mas dê uma ideia medíocre a um ótimo time, e ele irá corrigi-la ou sugerir algo melhor; 2) o custo de prevenir erros é frequentemente bem maior do que o custo de consertá-los."

The Predators' Ball

Connie Bruck

"Uma narrativa crítica, feita por um jornalista, sobre Michael Milken, o 'rei dos *junk bonds*' do banco Drexel Burnham Lambert, nos anos 1980. Milken criou um mercado para títulos corporativos de alto risco, e sua atuação teve um impacto profundo no mercado financeiro e também na maneira como grandes negócios passaram a ser feitos nos Estados Unidos. O livro foi publicado pouco antes do indiciamento de Milken em 1989 — ele foi condenado por fraude financeira, preso e multado em 600 milhões de dólares — e adota um viés negativo em relação a Milken, com o qual nem sempre concordo. Mas, de forma geral, traz histórias interessantes sobre a realidade dos mercados numa década de grande indulgência. Milken foi um gênio perseguido por ser o catalisador de mudanças num sistema corrupto. Criou modelos que permitiram que grandes somas de recursos presas em negócios ultrapassados fossem colocadas no mercado, o que contribuiu para aumentar a produtividade das empresas e o crescimento da economia."

Uma história pessoal

Katharine Graham

"Autobiografia de Katharine Graham, que comandou o jornal *The Washington Post* durante os escândalos de Watergate e Pentagon Papers. Foi publicado em 1997, ganhou o prêmio Pulitzer em 1998 e foi adaptado para o cinema anos depois. Ao contar sua história de forma franca, Katharine Graham explica como uma tragédia a obrigou a deixar seu papel de dona de casa para assumir o negócio da família. O livro mostra sua infância, marcada ao mesmo tempo pela riqueza material e o isolamento social, seu casamento e o suicídio de seu marido, que comandava o jornal até então. Deixando para trás o luto e a insegurança, ela decidiu entrar no mundo masculino da imprensa norte-americana e assim se tornou uma das mulheres mais poderosas de sua época."

CAPÍTULO 13

Veronica Allende Serra

Sócia-fundadora da gestora de fundos de private equity Innova Capital e da Holding Pacific Investimentos

Advogada pela Universidade de São Paulo — e fluente em cinco idiomas —, Veronica Allende Serra fez um MBA em Harvard quando decidiu seguir uma carreira em negócios. Nos Estados Unidos, trabalhou no banco Goldman Sachs e nos fundos de private equity Leucadia e IRR. Foi sócia e ajudou a montar o portal financeiro Patagon no Brasil — vendido para o banco Santander por 750 milhões de dólares no começo dos anos 2000 — e foi investidora do site de comércio eletrônico Mercado Livre. Começou seu voo solo com a Pacific Investimentos em 2001 após a venda do Patagon. Pouco antes disso, havia concebido e fundado o site de leilões Superbid, do qual saiu alguns anos depois. Em 2009, montou a Innova Capital para fazer investimentos em inovação. Até 2019, a Innova havia captado cerca de 720 milhões de reais e investido em pouco mais de vinte empresas, entre elas, Movile (dona de marcas como iFood, Wavy, PlayKids, Sympla, Zoop e outros negócios), a Snap e a rede de padarias Benjamin. O retorno acumulado da Innova desde o início é de 35% ao ano, em média. Veronica ainda investe em outros fundos, como o Catalyst Fund, da Endeavor, e está envolvida com a Brex, empresa de cartões baseada nos Estados Unidos e avaliada em 2,5 bilhões de dólares. Mãe de três filhos, Antonio, Gabriella e Francisco, tem cinquenta anos, é ex-bolsista e mentora ativa da Fundação Estudar, membro do conselho da Endeavor Global, organização sem fins lucrativos de apoio ao empreendedorismo, e integrante do Global Advisory Board da Harvard Business School.

Advogada, jornalista, publicitária? Nada disso

Quando estava no colégio, não tinha ideia de qual faculdade queria fazer, pois tinha interesse em muitas áreas, então prestei vestibular para quatro cursos diferentes: administração na Fundação Getulio Vargas, direito na São Francisco,* economia na Unicamp e psicologia na PUC. O primeiro resultado a sair foi o da São Francisco. Como eu estava viajando, minha mãe fez a matrícula, e foi assim que fui estudar direito. Logo no início, percebi que não combinava muito com o estilo da área, repleta de formalismos e burocracias. Mas meu pai me convenceu de que era importante eu me formar em uma ciência e que poderia estudar administração ou marketing, áreas que me interessavam, mais tarde, num mestrado. Valeu a pena, pois, mesmo não trabalhando diretamente nessa área, o direito me ajudou na forma de pensar e avaliar situações, e é fundamental no que faço hoje na parte contratual, de estruturação de transações a negociações. Minha ideia na época era me formar e depois tentar trabalhar em algo diferente, mais internacional e empreendedor.

No primeiro ano de direito, também comecei a cursar arte e publicidade na Escola Panamericana de Arte à noite e a trabalhar. Fiz estágios em áreas sobre as quais tinha curiosidade. Colecionei experiências que iam de escritório de advocacia (estágio obrigatório) a agências de publicidade (DPZ, Fischer, Justus Y&R, Chiat Day em Nova York na época do Jay Chiat), produtora de filmes (Miksom) e jornalismo (na Editora Abril). Nessa época também me envolvi no Centro Acadêmico XI de Agosto, onde meu grupo foi eleito e ficou durante três anos na gestão. Fizemos uma reforma no local e me lembro de ter levado os chargistas Spacca e Paulo Caruso para fazer murais na sede, que ficaram incríveis. Entre Sanfran, Escola Panamericana, centro acadêmico e estágios, mais as aulas de idiomas, eu me mantinha a mil por hora.

Por um tempo, achei que seguiria a carreira publicitária ou de jornalista. Sempre gostei muito de ler, escrever e estar atualizada, e acha-

---

* Faculdade de Direito do Largo São Francisco, da Universidade de São Paulo.

va fascinante ver a notícia se formando ao longo do dia. Poder estar ali onde ela era feita, impressa e distribuída para milhões de pessoas era empolgante. Acho que esse gosto veio da época em que meu pai era editorialista do jornal *Folha de S.Paulo* e eu batia na máquina de escrever os artigos que ele redigia à mão. Depois ia com ele levar ao jornal as páginas originais. Quando trabalhei na Editora Abril, adorava ir à gráfica pegar a primeira revista sendo impressa. Sempre gostei de ver como as coisas eram produzidas, e daí veio meu apreço por entender como algo é feito do zero, concebido, produzido, distribuído e comunicado.

Depois de um tempo, acabei concluindo que não gostava de algumas pautas que tinha que escrever, nem que editassem meu texto. Resolvi que poderia continuar escrevendo, mas em outro contexto profissional. Também sentia que não estava sendo desafiada o suficiente e nem usava outras habilidades que tinha ou queria desenvolver, incluindo os idiomas e a vontade de trabalhar com a área internacional, ter mais autonomia e desenvolver algo novo.

Naquela época, eu já falava fluentemente cinco idiomas — português, inglês, espanhol, francês e italiano —, além de um alemão básico. O espanhol era fluente porque eu nasci no Chile, onde vivi até os quatro anos. Fui alfabetizada em inglês porque morei nos Estados Unidos dos cinco aos nove anos — primeiro em Ithaca, Cornell, depois em Princeton, Nova Jersey. Os demais idiomas aprendi em cursos no Brasil e viagens de férias durante a adolescência. Cheguei a pensar em ser diplomata e trabalhar na Organização das Nações Unidas (ONU). Por conta disso, prestei a primeira fase do concurso do Instituto Rio Branco. Mas depois percebi que havia muito romantismo em torno da profissão e que a realidade poderia ser bem diferente. Por intermédio do chefe de uma amiga que trabalhava em uma trading chamada Richco, fui apresentada a Eduardo Vassimon, que era executivo do BBA, banco que, anos mais tarde, foi comprado pelo Itaú.* Depois de fazer uma entrevista lá e em outra instituição financeira, decidi ir para o BBA.

* Fundado por Fernão Bracher e Antonio Beltran Martinez, em parceria com o suíço Creditanstalt, o BBA foi comprado pelo Itaú em 2002.

Passei por várias áreas do BBA: mesa de renda fixa, mercado de capitais, crédito, câmbio, mesa de clientes e jurídico. Consegui ter uma visão ampla de como o banco funcionava, ainda mais porque, na época, havia poucos funcionários e todos ficavam no mesmo andar, em um espaço aberto. Com exceção de Fernão Bracher e Antonio Beltran, banqueiros experientes que haviam fundado o banco, os demais líderes eram todos ainda muito jovens, cheios de energia e vontade de crescer, com espírito empreendedor, construindo um banco de investimentos voltado para o cliente. A cultura colaborativa e a abertura a novas ideias era sensacional. Havia liberdade para implementar. Eu chegava mais cedo e recortava as notícias dos jornais que achava relevantes para o banco, e acabei criando um clipping de notícias.

Depois do programa de trainee, entrei para o time do jurídico, na área internacional. Estive envolvida na criação do primeiro fundo para clientes baseado no exterior. O interessante é que fiz tudo do zero — desde entender que provedores de serviço precisaria contratar, advogados no exterior e quem seria o custodiante até montar o fundo, escrever o regulamento, escolher o nome etc. Meu chefe na época, Ezequiel Grin, dava muita liberdade, mas era muito exigente, então aprendi muito.

Também me envolvi no IPO* do grupo Pão de Açúcar e ajudei a coordenar os dois escritórios de advocacia que participaram da diligência da empresa. Por último, participei da contratação de uma assessoria de imprensa que pudesse fazer o meio campo do BBA com a mídia. Uma das coisas mais legais de voltar ao banco anos depois foi ver que o corredor das salas de reunião estava decorado com fotos de um concurso de fotografia que eu havia sugerido e implementado, com apoio de Fernão Bracher. Na época, o ganhador do concurso estampava o cartão de Natal do banco a cada ano. Depois que saí, o projeto continuou e virou um livro.

Após participar de algumas transações em mercado de capitais, percebi que eu gostava mesmo da área de negócios e decidi fazer

* Sigla em inglês para oferta inicial de ações.

MBA. Passei em Harvard e fui em busca de bolsa para poder pagar o curso. Consegui bolsas da Fundação Estudar e da Organização dos Estados Americanos (OEA). Também recebi um bônus por performance do BBA e, com isso, juntei o suficiente para ir estudar em Harvard em julho de 1995.

Se é complicado, a concorrência é menor

O MBA em Harvard foi uma experiência incrível. O conhecimento e a exposição que tive e a qualidade das pessoas que encontrei naqueles dois primeiros anos tiveram uma enorme influência na minha vida pessoal e profissional. Fiquei muito próxima de alguns professores, como Robert Merton, que hoje está no MIT e ganhou o prêmio Nobel de economia, e Andre Perold, que era chefe do departamento de finanças da Harvard Business School (HBS) na minha época: quinze anos depois de me formar, ele virou meu investidor.

Nitin Nohria, que me deu aula sobre liderança, hoje é reitor da HBS. Convivemos bastante por conta do meu envolvimento na escola. Na minha 15ª reunião de ex-alunos, criei uma bolsa para apoiar mulheres empreendedoras, de preferência brasileiras ou latinas. Meus dois empregos seguintes ao MBA foram para trabalhar com ex-alunos da HBS (Joe Steinberg e Jeff Keil). Vários ex-colegas de classe passaram a ser interlocutores e parceiros profissionais. Até meu ex-marido foi apresentado por um colega de escola — ou seja, a influência é enorme em todos os aspectos da minha vida. O networking de Harvard é muito impressionante. Não é à toa que sou grata e retribuo da forma que posso com o maior entusiasmo apoiando alunos, professores e causas focadas em educação. Não tem coisa mais estimulante que estar cercada de gente talentosa, das mais diversas áreas, com quem posso aprender de forma constante.

Tive a sorte de conhecer Jorge Paulo Lemann, que se tornou meu mentor, quando virei bolsista para cursar HBS. Passei a ter uma interlocução frequente com ele, que pedia que eu enviasse o que lia ou aprendia de interessante enquanto estava no MBA. Ele também me aconselhava na carreira e em decisões importantes. Depois da minha volta ao Brasil, participei das atividades da Fundação Estudar, ajudando a montar o *endowment* (fundo patrimonial) e a contribuição dos bolsistas, sendo mentora de jovens talentos e ajudando no processo de seleção. Foi, e ainda é, um privilégio ter Jorge por perto, agora envolvido na Innova.

Sempre tive interesse por tecnologia e, no início, Jorge dizia que não entendia muito daquilo, mas sempre foi muito aberto a aprender e acompanhar tudo de perto. Hoje abraçou completamente o entendimento de como é fundamental e transformadora a tecnologia no mundo dos negócios e no nosso dia a dia. A meu ver, o maior legado dele está em selecionar, conectar e apoiar os melhores talentos, dentro de uma cultura de excelência, e motivá-los a fazer algo maior de forma independente. Nunca conheci alguém tão disciplinado e com a mente aberta, sem preconceitos, curioso, querendo sempre aprender, disponível para conversar com gente nova e, ao mesmo tempo, com tantas conquistas, mantendo a simplicidade, sem firula ou ego atrapalhando. Seu foco é absoluto.

Durante meu MBA tive dois *summer jobs*, trabalhando nas dezoito semanas de férias naquele verão de 1996. Um emprego foi no banco Goldman Sachs, na área de renda fixa, e outro como assistente de Joe Steinberg, que era presidente da gestora Leucadia, cuja especialidade era investir em empresas em crise, ajudar a reestruturá-las e vendê-las. A Leucadia era pouco conhecida, mas muito respeitada por seu histórico de retorno acima de 40% anuais ao longo de vinte anos. Foi a minha grande escola e moldou como avalio investimentos: aprendi a importância da análise profunda do ativo e de seus gestores, do contexto de uma transação, da forma de negociação, da paciência infinita, da resiliência, da necessidade de agregar valor e monitorar o ativo de perto, de ter conhecimento relevante antes de emitir uma opinião, de como decisões são tomadas, do conflito entre razão e paixão em uma transação e, mais que tudo, da relevância do preço de entrada. A Leucadia procurava o que não era óbvio. O complicado não assustava, pois, como meu chefe dizia: "Se é complicado, haverá pouquíssimas pessoas olhando e, portanto, menos concorrência". Quem conseguir resolver pode destravar muito valor. Mas é preciso ter o time certo para executar e a paciência para esperar o momento certo de sair.

Trabalhei lá por cerca de dois anos, e viajava pelo mundo olhando oportunidades das mais diversas: rede de hotéis no México e na Europa, ativos de uma financeira na Inglaterra, banco em falência na França, participações em empresas na Espanha e na Alemanha, imóveis em Portugal, projeto residencial na Flórida, seguradora na Argentina... Em meados de 1998, a Leucadia começou a vender muitos dos ativos, porque achava que estava tudo caro e que haveria uma contração geral. Estavam certos. Em julho de 1998, recebi um convite de Jeff Keil para ir trabalhar no fundo de private equity IRR.

"La vendimos"

Depois de um mês e meio no IRR, conheci meu futuro marido, que estava se mudando para o Brasil, e decidi voltar para São Paulo. O IRR, então, me deu a missão de montar o escritório do fundo para cuidar de América Latina. O mandato era aberto, portanto podíamos avaliar qualquer tipo de empresa — pública, privada, de setores variados. Por sugestão minha, fizemos vários investimentos em tecnologia em estágio ainda inicial e aprendi uma lição importante sobre o setor: as companhias que têm sucesso estão um pouco à frente das demais, mas não muito. Uma grande inovação que chega antes de o mercado estar pronto para adotá-la pode ser um risco enorme. Em resumo: não basta saber o que vai acontecer, é preciso acertar o timing.

Um desses investimentos em estágio inicial foi a compra de uma participação na Gemelo, uma empresa que vendia o serviço de terceirização do armazenamento de dados de clientes. Esse setor evoluiu muito, e hoje todos nós armazenamos nossos dados com terceiros, na nuvem. No entanto, naquela época, fim dos anos 1990, o mercado não estava pronto para isso. As companhias tinham suas próprias máquinas para armazenar dados e queriam continuar assim, por desconfiança ou por desconhecimento. Só anos depois passaram a entender que esse serviço poderia ser terceirizado, por ser mais eficiente, barato e escalável.

Também investimos na Movilogic, que foi talvez uma das primeiras fintechs de pagamentos via celular. Os fundadores eram visionários, mas, como no caso da Gemelo, estavam muito à frente do seu tempo, já que smartphones, apps e produtos voltados para esse meio não existiam na época. No fim dos anos 1990, os celulares ainda eram analógicos, o volume de usuários não tinha a escala atual e quase não havia produtos financeiros disponíveis. Conquistar clientes custava caro, e o negócio não andou.

Também avaliamos um investimento em uma empresa que se chamava Telefutura. Fizemos uma proposta e, no meio do caminho, um sócio do meu chefe mudou de ideia. Fiquei muito frustrada e, como gostava da transação, acabei apresentando a empresa para um colega de outro fundo, que levou o negócio adiante. Acabou por ser um grande investimento, pois a Telefutura virou a Tivit, empresa de soluções digitais com presença em diferentes países.

Depois de vários aprendizados, tive algumas experiências de bastante sucesso ao acertar o timing dos investimentos. Foi uma questão de entrar nas empresas no momento certo e sair na melhor oportunidade, ou estar pronta para, sem pressa, completar o ciclo. Um exemplo foi meu envolvimento com a Patagon, um portal de serviços financeiros sediado na Argentina. No final de 1998, por meio da Endeavor, fui apresentada a Wences Casares, fundador da Patagon, e gostei muito de sua visão como empreendedor: ele queria crescer e transformar a Patagon na E-Trade da América Latina.* Para isso, estava buscando sócios e recursos para montar uma operação no Brasil. Eu o apresentei ao IRR, mas um conselheiro do meu chefe vetou o investimento. Como realmente acreditava na oportunidade, perguntei se poderia ajudá-los. Meu chefe concordou. Depois de alguns meses, a Patagon me propôs opções de ações da empresa em troca dessa colaboração. Ajudei a encontrar um escritório, a negociar uma

* A E-Trade é uma das maiores empresas de investimento on-line dos Estados Unidos.

licença de *broker dealer* na Bolsa brasileira, a trazer profissionais e a fazer parcerias de conteúdo e produto. A empresa cresceu.

No começo do ano 2000, recebi uma ligação de Wences. Nunca vou esquecer: era o fim do feriado de carnaval e eu estava voltando de Atacama, no Chile, esperando minha mala chegar logo depois de desembarcar. O celular tocou, e ele disse: "La vendimos". O banco Santander havia comprado a Patagon por 750 milhões de dólares. Isso ocorreu exatamente duas semanas antes do estouro da bolha da internet. As companhias de tecnologia que não quebraram viram seu valor ser reduzido drasticamente.

A venda da Patagon mudou minha história. Tinha trinta anos e achei que não precisava mais trabalhar para os outros, mas para mim mesma. Era a hora de me virar sozinha e ser independente. Saí do IRR e montei a Pacific Investimentos no início de 2001. Em paralelo com a Patagon, eu havia criado outra empresa, a Superbid, de leilões on-line. Um dia, Susan Segal, uma das investidoras mais ativas da época, que era sócia do Chase Capital Partners e acionista da Patagon, me procurou e disse que eu deveria conhecer Marcos Galperin, o fundador do Mercado Livre.

Em 2000, o Mercado Livre ainda era um pequeno site de venda de produtos usados na Argentina. O escritório ficava num depósito na garagem do prédio dos pais de Marcos Galperin, onde umas quatro pessoas dividiam o espaço com computadores e fios para todo lado. Depois de algumas reuniões, Marcos fez uma proposta: fazer uma fusão do Mercado Livre com a Superbid, em que os brasileiros ficariam com 40% do negócio e os argentinos, com 60%. A Superbid tinha uma proposta do Unibanco, que estava oferecendo colocar na plataforma todos os ativos do banco que precisariam ir a leilão — imóveis e automóveis — e ainda capital na empresa. Acabamos optando pela oferta do banco, que parecia fazer mais sentido naquele contexto.

Em paralelo, após a venda da Patagon, propus a alguns sócios criar uma holding na qual colocaríamos todas as nossas participações em startups, a valor de custo, para que houvesse um acompanhamento dos investimentos de forma organizada. Assim surgiu a Penguin Holdings, que eu concebi e fui a primeira a gerir. Saí da Superbid mais ou menos quando montamos a Penguin. Por coincidência, alguns sócios aportaram sua participação no Mercado Livre na holding, e assim me tornei acionista da companhia — o que foi espetacular.

Dessa época até o IPO na Nasdaq, em agosto de 2007, quando foi avaliado em 800 milhões de dólares, o Mercado Livre deu um retorno de cinquenta vezes para os sócios da Penguin. Pouco antes do IPO, o Marcos Galperin me convidou para fazer parte do conselho de administração. Minha filha do meio, a Gabi, tinha acabado de nascer. Aceitei na hora e fiquei lá por nove anos, até 2016, quando o valor de mercado se multiplicou por dez. Em 2019, a companhia foi avaliada em 30 bilhões de dólares, mais de 35 vezes a marca do IPO. Tenho muito orgulho de ter acompanhado essa trajetória de perto. O time deles é imbatível. Os profissionais são sensatos, determinados, pensam grande e sabem executar como ninguém. Não existe espaço para arrogância ou ego. Todo mundo apertou o cinto e sofreu para sobreviver depois do estouro da bolha da internet. Em parte por isso, não há espaço para deslumbramento ou salto alto. A equipe sabe que, para sobreviver em mercados como Argentina, Brasil, Venezuela, Colômbia ou México, é preciso ter o pé no chão, muita racionalidade, resultados mensuráveis, cultura de excelência e capacidade de se adaptar ao inesperado. Todos trabalham com afinco, envolvidos por uma cultura muito forte de resultados. O Mercado Livre atrai os melhores talentos e está sempre inovando e olhando para a frente. Vi o Mercado Pago e tantos outros projetos nascerem lá dentro e transformarem o mercado de e-commerce na América Latina. O segredo é a liderança de Marcos, sua capacidade de atrair talentos, adaptar-se às mudanças, fomentar essa cultura de resultados e constante inovação.

A fase solo

Em 2006, por meio da Pacific, fechei um acordo com a área de private equity do JP Morgan para avaliar investimentos na América Latina, principalmente no Brasil. Tinha exclusividade para o país — ou seja, qualquer investimento do banco aqui deveria ter a participação da

Pacific. A parceria com o banco me ensinou muito, pois havia um processo rigoroso de apresentação de tese de investimento, discussão entre sócios, *compliance*, estruturação de veículos para investir, ampla diligência e acompanhamento em conselho. Com um time dedicado, a Pacific funcionava como o sócio local que originava, negociava e acompanhava as empresas investidas.

As oportunidades eram originadas pelo nosso time e vinham também dos próprios clientes do JP Morgan, que tinham empresas que buscavam capital para expandir ou vender. O maior investimento que fizemos foi na Allied, a maior distribuidora de celulares do país. O timing foi muito bom, pois foi pouco antes do grande crescimento da venda de celulares no Brasil. Compramos uma participação no início de 2011 dos irmãos Radomysler, quando a empresa faturava 750 milhões de reais. Vendemos para a gestora Advent em 2015, quando o faturamento já chegava a 3,5 bilhões de reais. Isso tudo foi crescimento orgânico, sem aquisições, pois surfamos a onda de expansão de venda de smartphones.

Embora o banco tenha me convidado para ser sócia no segundo ano da parceria, eu sempre explicava que preferia deixar tudo como estava — um acordo de consultoria —, pois meu contrato previa uma participação relevante no que fazíamos no Brasil, onde conhecia de perto as empresas investidas. Se me tornasse sócia, o resultado local seria uma pequena parte do bolo. O grande volume de capital estaria indo para empresas nas quais eu não teria envolvimento direto. Além disso, acabaria inserida na burocracia de uma grande organização, cujas diretrizes poderiam mudar da noite para o dia, a depender do andamento dos mercados. Também precisaria deixar de lado meus outros investimentos e me concentrar somente na operação global, que tinha mais de 25 sócios. Minha vontade era ser sócia daquilo que eu conhecia, onde teria influência e acesso direto. No fundo, não queria perder minha autonomia.

No segundo semestre de 2009, em um almoço com Marcel Telles,*

* Sócio de Jorge Paulo Lemann e Carlos Alberto Sicupira na AB InBev e na empresa de investimentos 3G, que é dona da Kraft Heinz e do Burger King, entre outros negócios.

ele fez uma provocação e me perguntou por que eu estava investindo para um banco e não para mim mesma. Os Estados Unidos haviam acabado de passar por uma crise em setembro de 2008, com a quebra do banco Lehman Brothers, e o JP Morgan, assim como todas as grandes instituições lá fora, estavam passando por um momento delicado. Por conta disso, os investimentos ficavam em banho-maria. Marcel mostrou interesse em investir em oportunidades de alto crescimento desde que houvesse um alinhamento absoluto nesses investimentos. Para não bater de frente com o acordo com o JP Morgan, que buscava opções acima de 100 milhões de dólares, e estar alinhada, sugeri alternativas com cheques bem menores e concentradas em inovação. Assim surgiu a Innova holding. Meu contrato com o JP Morgan terminou após oito anos de parceria e, pouco depois disso, o banco globalmente decidiu sair da área de private equity.

Na Innova, nosso foco passou a ser olhar empresas inovadoras, com um diferencial competitivo, ao menos um produto ou serviço comprovado, faturamento e margens atraentes e, de preferência, que já fossem lucrativas. Parece meio óbvio que a gente queria o "bom, bonito e barato", mas o óbvio às vezes é esquecido, especialmente em momentos de euforia. Qualidade do empreendedor e crescimento eram outros fatores fundamentais. Nossa capacidade de agregar valor e atrair talentos também seriam importantes e, muitas vezes, já ajudávamos as empresas antes de investir, o que nos dava a oportunidade de testar a capacidade de execução do empreendedor. Se conseguíssemos agregar conhecimento de verdade, nosso capital poderia entrar a preços mais atraentes, pois o valor percebido pelo empresário seria maior. Além disso, o risco seria menor por conta desse acompanhamento. Estava em nosso DNA ter um envolvimento grande com a empresa. Sem substituir o empreendedor, a ideia era apoiá-lo de forma completa em tudo o que ele precisasse: atração de talentos, ajustes no modelo de negócio, forma de cobrança, negociação de fusões e aquisições, planejamento estratégico, captação com terceiros e saída. Embora muita gente associe a Innova a startups, não é o que fazemos. Esse tipo de empresa tem alta taxa de mortalidade, e esse não é o nosso foco. Estamos no mercado de *growth* (alto crescimento).

Percebi que estava agregando todo o conhecimento que adquiri ao longo do tempo para fazer o que eu achava que era certo, o que já vinha praticando havia alguns anos sem me dar conta e que fazia sentido, sem alguns vícios da indústria e integrando todo o aprendizado do passado. Todos os membros do time da Innova devem colocar seu próprio capital, e deve ser uma quantia relevante, que vai doer se for perdida. Devemos investir somente ao encontrar a oportunidade certa no preço certo, naquilo que compreendemos, sem pressão externa para aplicar em nenhum ativo. Deve existir uma absoluta confiança entre o investidor e o empreendedor: ambos são parceiros, e não oponentes. Sem essa de superior e subordinado, pois queremos estar alinhados, lado a lado. Sim, há governança e contratos que garantem os direitos do investidor. Mas, como não somos passivos, precisamos encontrar empreendedores que saibam ouvir, que busquem o mesmo que nós e queiram uma parceria a fim de arregaçar a manga e colocar a mão na massa para dar um salto muito, mas muito maior do que dariam sozinhos.

Nossa visão de evento de liquidez (como uma venda ou abertura de capital) não é a tradicional. Forçar uma saída por motivos alheios ao timing do negócio parece errado. O que faz sentido é vender quando o ativo está maduro, quando o crescimento está desacelerando ou quando aparece um comprador motivado e uma oportunidade única. Mais que capital, trazemos a experiência de ter interagido e ajudado centenas de empreendedores nos mais diversos negócios. Esse é o nosso maior diferencial — a capacidade de gerar impacto estratégico, sabendo que vivemos em uma região repleta de surpresas, com volatilidade de câmbio, juros e inflação, reformas, leis, impostos complexos, eleições ano sim ano não e uma capacidade de colecionar crises que poucos países têm. Empreendedor que sobrevive em um ambiente assim tem muito mérito. E, sabendo que o mercado tem altos e baixos radicais, o gestor de fundo desse segmento que escolhemos também precisa sobreviver, mesmo pagando as taxas de retorno mínimo que estão entre as maiores do mundo.

O primeiro investimento da Innova foi na Clearsale, que havia criado uma plataforma especializada em proteção antifraude para operações não presenciais. A empresa tem um banco de dados que gera inteligência a partir de informações agregadas em transações remotas com grandes varejistas, companhias aéreas, empresas de telefonia, e-commerce e outros. Dez anos antes, eu já havia investido em outra empresa desse segmento, mas, na época, havia muita resistência em compartilhar dados para prevenir fraudes, e o mercado era bem menor. Hoje está claro que o inimigo comum é o fraudador, então há mais empresas dispostas a fazer parte de uma rede ampla de informações para evitar problemas. Não há melhor maneira de prevenir do que agregar em tempo real um volume significativo de dados compartilhados, pois assim o fraudador é identificado rapidamente. Não compartilhar significa permitir que o delinquente passeie com liberdade pelo mundo on-line, enganando clientes e vendedores. Temos quase 25% da Clearsale, tendo comprado a maior parte em 2010 e exercido uma opção de compra alguns anos depois. Quando investimos, a empresa faturava perto de 10 milhões de reais e estava *breakeven* (com equilíbrio entre receitas e despesas). Em 2019, a previsão era que a empresa faturasse quase 230 milhões de reais, com uma margem Ebitda de cerca de 30%.* Ou seja, um crescimento de 23 vezes em nove anos.

Também investimos na Blue Interactive, uma companhia de TV a cabo que consolidou pequenas e médias empresas do setor e que foi vendida para a NET alguns anos depois por pouco mais de três vezes o valor de quando entramos. Tivemos retornos sobre outras participações que geraram ótimos resultados, como a agência de comunicação F.biz, que foi vendida para a multinacional WPP em junho de 2011. A transação da F.biz foi muito rápida, pois a WPP tinha muito interesse nesse ativo, que era líder em seu segmento. A negociação foi feita diretamente com Martin Sorrell, fundador da WPP, que estava sedento por uma aquisição no Brasil. Tínhamos algo em comum que ajudou. Eu durmo pouco e fico trabalhando obsessivamente madrugada adentro quando tenho alguma transação que demanda

* Ebitda é a sigla em inglês para lucro antes de juros, impostos, depreciação e amortização. Equivale, aproximadamente, à geração de caixa.

foco. Entre e-mails, ligações em horários alternativos e diferenças de fuso, do início ao fim, fechamos a transação em três meses.

Com a Virid, a velocidade também foi grande. Ela era a maior e mais lucrativa empresa de e-mail marketing da época: em 2011, ia gerar 10 milhões de reais de Ebitda, mais de 100% de crescimento sobre o ano anterior. Pedimos pouco mais de dez vezes o valor do Ebitda para vendê-la, e a empresa acabou comprada pela Serasa Experian, dando um retorno acima de cinco vezes o capital investido. Esse resultado só foi possível porque a parceria com o empreendedor era total. Ele tocava a empresa, e a gente tocava a negociação. Fora algumas emoções e surpresas no meio do caminho, ficou muito clara a importância do timing e da velocidade num processo de venda. E da necessidade de negociar de forma muito precisa os termos que vão governar os contratos finais.

Com os recursos dessas vendas e de outros investidores que gostaram do nosso desempenho, em 2013, captamos 160 milhões de dólares para continuar nossas atividades. A tese era investir em inovação e em empresas que pudessem crescer e multiplicar seu valor em alguns anos. Identificamos dois segmentos promissores: o de tecnologia e o de companhias que estivessem construindo marcas fortes, que poderiam ser vendidas por múltiplos altos. Compramos participações em oito empresas, cinco de tecnologia (Accera, Movile, Sigga, Trade Force e Snap) e três ligadas ao setor de alimentação (Benjamin, Dauper e Diletto). O retorno acumulado dos investimentos em tecnologia do segundo veículo de investimentos da Innova foi de 45% até outubro de 2019. Vale ressaltar que 100% dos recursos aplicados pelos investidores no fundo já foram devolvidos, e não tivemos nenhuma empresa que quebrou.

Os números gerais são muito bons para um fundo que investiu em um período que deve ter sido um dos piores do Brasil nas últimas décadas: o dólar foi de dois para quatro reais, tivemos grandes flutuações de juros e muita volatilidade nos mercados. Se olharmos o que aconteceu com o Brasil entre 2013 e 2018, foi uma fase desafiadora para qualquer empresa, ainda mais para um fundo que precisava investir, ajudar a empresa a crescer, vender e pagar aos investidores ao menos o principal aplicado mais um patamar mínimo de juros com o qual havia se comprometido (IPCA + 6% ao ano). Gerar esse volume de liquidez e entregar um retorno real não apenas no papel, mas com distribuição de recursos aos investidores, nos deixa muito orgulhosos.

O crescimento desse período não veio somente de negócios de tecnologia. Uma das nossas empresas que deu certo foi a Dauper, fabricante de biscoitos sediada em Canela, no Rio Grande do Sul. Essa oportunidade chegou até mim via LinkedIn: um assessor da empresa mandou uma mensagem e marcamos uma reunião. Nunca havia ouvido falar na Dauper, e descobri que o modelo de negócios faz muito sentido. É a maior fabricante terceirizada de cookies do país. Trata-se de um mercado grande na Europa e nos Estados Unidos, mas pequeno no Brasil, ainda que venha crescendo em torno de 30% ao ano aqui. A Dauper tem alguns diferenciais: fabrica um produto de qualidade, investe em inovação e tem uma lista de grandes clientes, como Bauducco, Nestlé e Mondelez, que usam a empresa para seus lançamentos e desenvolvimentos de produto. Compramos um terço da companhia em 2013, e os recursos foram usados para construir uma nova fábrica. Naquele ano, a empresa faturava 21 milhões de reais e tinha 4,5 milhões de Ebitda. Em 2019, a receita já estava em 75 milhões de reais, e o Ebitda, em 18 milhões.

Na parte de tecnologia, investimos em 2014 na Accera, que operava um software de *supply chain management* (gestão de rede de suprimentos). O sistema da Accera rastreava o caminho feito pelas mercadorias de uma empresa desde a saída da fábrica até a chegada ao ponto de venda. Além disso, monitorava o volume de vendas nas lojas. Contribuímos na estratégia de tornar o modelo de negócios escalável, criando softwares padronizados, cortando a receita de consultoria e sistemas sob medida, que eram o padrão antes da nossa chegada. Também ajudamos em duas aquisições. A maior delas foi a fusão com a Trade Force, na qual também investimos. A Trade Force é especializada em automatizar promotores de vendas nas lojas, para que as informações sobre estoques, pedidos e o que é vendido no varejo cheguem em tempo real, o que auxilia na tomada de decisões para evitar desabastecimento e quebra na oferta de mercadorias. Juntas, essas empresas cobriam 70% do grande varejo brasileiro. Foi um *case* de sucesso para o fundo: vendemos nossa participação em 2018 para um concorrente, a Neogrid, por quatro vezes mais do que havíamos pagado.

Três "nãos" da Movile

Uma característica minha que considero marcante é o espírito colaborativo. Sempre fui assim, e essa foi a base de tudo o que realizei. Gosto de dividir conhecimento em diversas frentes e com os mais variados interlocutores. Por meio da Endeavor e da Fundação Estudar, sou uma mentora muito ativa de jovens e empreendedores. Contribuo com a minha experiência de acordo com as necessidades do empreendedor: posso ajudar em negociações de vendas e rodadas de investimento, colaborar em discussões sobre oportunidades em linhas de negócios, dar consultoria financeira e conectar empresas para uma parceria que faça sentido, por exemplo. Às vezes, essas mentorias geram oportunidades de investimento, mas nem sempre. Além de ser bom para o ecossistema e contribuir para que mais startups tenham sucesso, esse tipo de postura traz benefícios claros para a Innova: aprendemos muito com os novos empreendedores, estamos em contato com as novidades e sabemos o que está acontecendo no mercado. Além disso, sempre que conseguimos ajudar os empreendedores, as referências à Innova tornam-se mais positivas e passamos a ser mais procurados.

Essa postura colaborativa permitiu que fizéssemos o investimento que é o maior da carteira da Innova atualmente: a Movile, holding que é dona do iFood e do aplicativo educacional para crianças PlayKids, entre outros negócios. A Movile foi fundada em 1998 por dois estudantes da Unicamp e passou por diversas fases.* Começamos a

* Os fundadores são Fabricio Bloisi e Fábio Póvoa. Inicialmente, a empresa se chama-

conversar com a empresa em 2013 e ficamos muito impressionados como a altíssima qualidade da liderança — lembrava o do Mercado Livre —, com uma metodologia muito firme de controle e performance e com a cultura que gostamos: ousadia com responsabilidade e incentivo à inovação. Eles experimentavam e eram capazes de mexer rapidamente no que não dava certo. Lembro de pensar: "Seja lá o que eles se propuserem a fazer, provavelmente vão fazer direito. Uma hora acertam".

Em 2013, o produto principal da Movile era um serviço de envio de conteúdo por SMS altamente lucrativo, com informações sobre horóscopo, curso de inglês etc., distribuído por meio das operadoras de telefonia. Indiretamente, a empresa tinha cerca de 70 milhões de clientes, e o plano era desenvolver aplicativos que pudessem ser usados diretamente pelas pessoas, sem a operadora como intermediária. Eles já haviam desenvolvido o PlayKids, que estava em fase inicial, acabavam de comprar a Maplink, uma empresa de mapas on-line, e tinham uma participação muito pequena no iFood, que fazia em torno de 18 mil entregas por mês. Só para comparar, em outubro de 2019, o iFood fazia 25 milhões de entregas por mês na América Latina.

Em 2013, porém, a empresa, ou seu principal acionista, que era a Naspers, não queria nosso capital, pois tinha dinheiro de sobra. Sendo assim, ficamos um ano e meio colaborando com a companhia: ajudamos a estruturar aquisições e demos a sugestão para que fosse montada uma empresa de meios de pagamento para aproveitar as margens dentro do grande volume transacionado. Como eu havia acompanhado a criação e o sucesso do Mercado Pago, a empresa de pagamentos do Mercado Livre, achei que a Movile deveria ter essa linha de negócio e beneficiar os diferentes parceiros de sua cadeia: os restaurantes deveriam receber financiamento (já que a Movile gera muita receita) na compra de insumos, pagar uma taxa menor de cartão e se organizar para produzir um volume maior.

---

va Intraweb e foi criada a partir da incubadora da prefeitura de Campinas, cidade do interior de São Paulo onde fica a Unicamp.

Um ano e meio depois, e após três "nãos", finalmente convencemos os sócios de que poderíamos contribuir muito, e eles aceitaram o investimento.

Fizemos quase uma dezena de rodadas de investimentos na Movile desde 2014. Em 2017, vendemos uma parcela menor da nossa participação e retornamos com lucro todos os recursos aportados pelos investidores até então. Mas, como a empresa seguia crescendo e gerando resultado, continuamos a investir e apoiar o sonho grande. É uma história que nos enche de orgulho. Hoje, a Movile é uma holding diversificada, com cinco unidades: iFood, PlayKids, Sympla, Wavy e MovilePay (Zoop). Atualmente, vale mais de quinze vezes do que em 2014, segue atraindo talentos no mercado e renovando o sonho de melhorar a vida de 1 bilhão de pessoas.

Uma coisa que tenho feito sempre é ajudar outros investidores, em especial *family offices* e alguns fundos, com ou sem presença no Brasil, a avaliar oportunidades. Ofereço também mentorias para gestores e para mulheres investidoras e empreendedoras. É uma troca muito enriquecedora, que me permite passar um pouco da minha experiência, discutir ideias e aprender bastante. Nas conversas, procuro ser direta e sincera sobre como vejo uma situação. Aprender a dar feedback falando a verdade de forma educada é uma ótima ferramenta de trabalho, que gera empatia e confiança. Com inovação e tecnologia permeando todos os negócios, quem não tiver cabeça aberta e colaborativa e não entender que a inovação implica um *mindset* diferente estará em enorme desvantagem.

Um ponto fundamental é estar plugado nos principais eventos e cabeças que estão inovando globalmente. Nesse sentido, participar do conselho da Endeavor Global, do Global Advisory Board da Harvard Business School, do G50 (grupo que reúne líderes de países latinos), dos encontros anuais do Dialog Retreat (organizado pelos empresários Peter Thiel e Auren Hoffmann) e do XTC (Extreme Tech Challenge), um concurso de inovação que tem envolvimento dos empresários Richard Branson e Bill Tai, é muito importante.

Com risco, sem medo

Entre erros e acertos, aprendi algumas lições sobre investimentos. Uma delas é esperar as oportunidades boas de verdade — e não se sentir pressionado a investir —, além de ter paciência para aguardar os negócios maturarem. Os negócios estão mudando muito rapidamente no mundo todo. Um investidor precisa ser resiliente. Se tem confiança de que investiu numa boa empresa, com a equipe certa, deve conseguir esperar os retornos aparecerem. Os maiores rendimentos que consegui vieram das companhias em que investi por mais tempo.

Também é preciso ter muita disciplina para não se apaixonar pelo *deal*. É melhor dizer não do que dizer sim sem a convicção de que cumpra os requisitos estabelecidos de forma racional. Claro que é importante correr risco, mas com os pés no chão. Nesse sentido, também é fundamental analisar com cuidado o preço. O valor de entrada é um dos principais determinantes do retorno final do investimento, então, por melhor que uma empresa pareça, colocamos um teto no preço que estamos dispostos a pagar. Já deixamos oportunidades na mesa por conta disso, mas também evitamos roubadas. Na balança, acho que nos saímos melhor mantendo a disciplina.

Uma terceira lição é investir apenas no que você entende. Além de diminuir o risco do investimento, isso permite potencializar o valor do ativo, porque quem compreende um negócio pode ajudar a agregar muito mais valor. É preciso controlar o FOMO, "*fear of missing out*" (medo de ficar de fora), e não investir apenas porque parece uma boa oportunidade, ou porque outras pessoas estão fazendo isso. Antes de colocar dinheiro num negócio, saiba por que está fazendo isso. Caso não entenda o negócio, entregue para alguém mais experiente na área acompanhar e ajudar a decidir. Ainda assim, é possível que você perca, mas, se isso acontecer, será mais fácil identificar as causas e talvez uma saída.

Evitamos investir em empresas com poucos clientes ou alto grau de concentração em qualquer ponta. Se um desses clientes resolver mudar ou fazer uma negociação mais dura, pode levar junto boa parte da receita e da margem. Outro risco é depender de um terceiro para fornecer algo estratégico — por exemplo, uma empresa de tecnologia que usa sistemas de outras companhias. Se uma dessas companhias decidir vender o que seria seu diferencial para outra empresa, seu negócio, no mínimo, será muito prejudicado. E não adianta ter um contrato forte, porque acordos são desfeitos com uma frequência maior que a maioria das pessoas imagina.

Ao colocar dinheiro numa startup que está desenvolvendo um negócio inovador, é preciso saber que problema essa inovação resolve, se é facilmente replicável, se possui risco regulatório e se é um negócio de fato bom, que vai gerar lucro em algum momento. Se for um serviço cool, mas que atende a um mercado muito pequeno, pode não valer a pena. O ideal é que a empresa traga a solução para uma questão que aflige milhões de pessoas ou empresas, em diferentes países. Foi isso que me levou a participar pessoalmente na Ripple, uma empresa especializada em *blockchain* que atua em transferências bancárias internacionais. Além de ter uma criptomoeda, a XRP, a empresa lançou um novo serviço, mais eficiente e barato, de transferência de recursos. Ou seja, provê um serviço real e necessário, com um mercado potencial enorme. Para completar, um dos fundadores, Brad Garlinghouse, foi meu colega de classe em Harvard, e confio bastante nele. Em 2016, a empresa valia cerca de 250 milhões de dólares; em 2019, o valor havia saltado para aproximadamente 18 bilhões de dólares. Em três anos, a receita, que não pode ser divulgada, cresceu dez vezes.

É fundamental saber com quem se está fazendo negócios. Identificar o sócio certo é uma das decisões mais importantes. Pessoas competentes e éticas fazem a diferença em momentos prósperos e também nos mais difíceis. Com um sócio ruim, porém, mesmo um negócio bom pode dar muito errado.

OS PRINCIPAIS CONSELHOS DE VERONICA SERRA

Sobre investimentos

1 **Tenha paciência**
Para investir nas melhores oportunidades e para esperar o melhor momento para vender. Os maiores retornos vêm com a maturação do negócio, que sempre tem altos e baixos, e com o comprador certo.

2 **Saiba que preço importa**
O valor que pago para comprar uma participação numa empresa é um dos principais determinantes do retorno total do investimento. Por melhor que a companhia pareça, se o preço está alto demais, é preciso ter cuidado e estar convencido de que outros fatores justificam esse prêmio levando em conta o risco. Os mercados são cíclicos, e é necessário saber que seu investimento precisa sobreviver apesar dos ciclos e dos percalços que sempre ocorrem.

3 **Evite o FOMO**
É a sigla para "*fear of missing out*". Só invista quando tem convicção de que o negócio é realmente bom e quando você entende o que está fazendo. Ninguém acerta sempre, mas quem não sabe o que faz, ou investe apenas porque os outros estão fazendo, diminui bastante as chances de ganhar dinheiro. Se o sentimento for diferente da avaliação racional, escute a intuição. Muitas vezes, o faro está certo.

4 **Escolha seus sócios com cuidado e entenda suas motivações**
Pessoas competentes e éticas fazem a diferença em momentos prósperos e também nos difíceis. Com um sócio ruim, porém, mesmo um negócio bom pode dar muito errado e virar um inferno. Procure ao menos quatro referências e tenha cuidado com o empreendedor que i) pede um grande *cash out* (quando recebe capital, tem interesse em tirar dinheiro do negócio ou não quer continuar como sócio relevante); ii) não sabe delegar; iii) não está aberto para uma governança equilibrada; iv) está mais preocu-

pado em ficar rico do que em criar valor na empresa; v) não sabe ouvir nem quer garantir acesso à informação; vi) é excessivamente emocional; vii) tem dinheiro mas não investe o dele, só o dos outros; viii) gosta de aparecer — o tempo gasto com ego é fator de enorme distração e atrapalha a empresa; e ix) é enrolado — a ineficiência de alguém que complica o que é simples não vale seu tempo nem seu dinheiro.

5 **Torne-se um especialista múltiplas vezes**
Desenvolva um grande diferencial que faça parte da sua essência. Mas, como o mundo evolui depressa, seu diferencial tem que seguir evoluindo. Faça do aprendizado e da curiosidade incessante uma regra. O futuro é de quem consegue se adaptar com maior agilidade, e a capacidade de aprender é sua principal ferramenta.

6 **Analise o empreendedor: princípios vêm antes de *valuation***
Evite concentrar as conversas iniciais com o empreendedor apenas em números e *valuation* (avaliação financeira). Encare um investimento como um casamento: os dois lados devem querer para dar certo. Você pode escolher, e o empreendedor também. Descubra o que motiva o empresário, se tem garra, e verifique se ele faz o que fala. A conversa será muito mais enriquecedora e esclarecedora se você conseguir entender a história da pessoa por trás daquele desafio.

7 **Entenda que o barato pode sair caro**
Ao fazer um investimento numa empresa fechada, nunca economize em bons auditores e advogados.

8 **Mantenha o radar ligado**
Esteja aberto para conversar com os novos empreendedores — é uma ótima maneira de estar antenado e absorver as tendências com esses encontros. A capacidade do empresário de executar e liderar é o ativo mais valioso de um investimento.

9 **Fique atento à cultura da empresa e aos incentivos dos profissionais**
A equipe de uma companhia precisa ter incentivo para fazê-la crescer no longo prazo. Também é fundamental que a barra seja crescente no que se refere a contratar talento e competência. Gente boa atrai gente boa.

10 **Observe o alinhamento do controlador da empresa**
Quando há um desequilíbrio na estrutura de capital, pode surgir um conflito crescente entre acionistas. Um desalinhamento pode travar a empresa e fazê-la perder valor e talentos, com efeito bola de neve.

SUGESTÕES DE LEITURA

Sapiens: Uma breve história da humanidade
Homo Deus: Uma breve história do amanhã
21 lições para o século 21
Yuval Noah Harari
"*Sapiens*, que trata do passado, *Homo Deus*, que fala do futuro, e *21 lições para o século 21*, que aborda o presente, são ótimas leituras. Acho importante sair do nosso dia a dia automático para refletir sobre as principais questões da humanidade — o tema político-nuclear, a natureza e sua conservação, o ser humano no mundo tecnológico, a importância de saber se reinventar, se adaptar e ser flexível, saber questionar. Eu me identifico muito com esses desafios, pois cresci mudando de país e de escola e gosto muito da descoberta, do desconhecido e da adaptação constante. Acredito que vivemos um momento muito especial e desafiador da humanidade."

A estrada para o caráter
David Brooks
"O livro desafia a fazer uma autorreflexão, englobando os seus valores e aspirações."

Range: How Generalists Triumph in a Specialized World
David Epstein
"O autor trata de mostrar por que os generalistas triunfam em um mundo de especializados. Ele acredita que não há uma ferramenta que funcione para tudo. Sugere a variação como

forma de experimentar e compreender o que se gosta. Fala do desenvolvimento de talento, porque a prática ensina mais que a teoria. O livro evidencia que há vários caminhos para a excelência e mostra como a amplitude é valiosa."

Essencialismo: A disciplinada busca por menos
Greg McKeown
"A vida corrida sempre me faz questionar como estou usando meu tempo, que é nosso bem mais valioso e fungível. Achei interessante a forma estruturada como o autor coloca as decisões, os pesos e as alternativas, de forma consciente. A base do essencialismo passa por três princípios: explorar, eliminar e executar. É um kit de sobrevivência para o século XXI."

TIPOGRAFIA Arnhem Blond
DIAGRAMAÇÃO acomte
PAPEL Pólen Soft, Suzano S.A.
IMPRESSÃO Geográfica, abril de 2021

FSC
www.fsc.org
MISTO
Papel produzido a partir de fontes responsáveis
FSC® C019498

A marca FSC® é a garantia de que a madeira utilizada na fabricação do papel deste livro provém de florestas que foram gerenciadas de maneira ambientalmente correta, socialmente justa e economicamente viável, além de outras fontes de origem controlada.